集団を仲間に変える学級経営

「トガリ力(りょく)」輝く12ヶ月の学級会実践

生井光治

学芸みらい社

　いよいよAIが台頭する時代に突入しました。10年ほど前から「なくなる仕事」「なくならない仕事」という予測が話題にのぼり、子どもが「なりたい」と夢を描いた職業も、将来なくなっているかもしれません。そんな時代に生きる子どもたちに、私はこれまで以上に「トガリ力」を育てたいと思うようになりました。「トガリ力」とは、他の人よりも得意だと思える部分、好きだと思えること、追究したいことなどの「強み」をより一層磨いて、「トガる」ことのできる力のことです。これまで日本の教育は、「平均値よりも低い部分をいかに平均値に近付けるか」に注力してきたように思います。しかし苦手であることはAIに助けてもらえる時代に、苦手なことばかりを矯正された子の個性はどう発揮すればよいのでしょうか。AIにすら届かない、良い意味で外れた「トガリ力」にこそ、自分の人生を豊かにひらきゆく力があるのだと私は思います。そして、「トガリ力」が輝く学級を創ることこそ、令和の時代に必要な担任の力に他ならないと思うのです。

　また、どんなにAIの効果的な教育利用が進んだとしても、学級経営という営みがAIに代用されることはないということに異論はないでしょう。小学校教師の仕事が「なくならない」と言われるのは、我々の仕事が、まず「学級経営ありき」だからではないでしょうか。一方で、学級経営に悩む若い先生が増えているようにも感じます。しかも、初任者ではなく3年目以降、中堅教員へとステップアップを図る段階にいる先生です。「叱らない指導」が大事だと言われたり、「叱れない教師」が問題視されたりして、「良い」とされる指導法も実に多岐にわたります。しかし、だからこそ、いつの時代も子どもをど真ん中に据えて、ブレない学級経営の軸をもつことの大切さを強く感じ、本書を執筆しました。

　私は10年以上、学級活動を学級経営の軸にしてきました。子どもたちが

自ら考え、自ら行動し、ときに教師の想像を超える感動的な時間を、子どもと共に創り上げることの喜びこそ、私がこの仕事を続ける最大のモチベーションです。しかし、そのモチベーションを保つのが難しい日々が訪れました。新型コロナウイルスの流行です。

　休校明けの2021年度、私は4年生の担任になりました。常時マスクをしていて表情が分からない。席は全て離され、班にして向き合うこともできない。黙食にソーシャルディスタンス。休み時間に友達と手をつないだり、肩を組んだり、顔を近付けて談笑したりしている子どもを見かけたら、「離れなさい」と注意しなければなりませんでした。「こんなことをしたくて教師になったんじゃない。一体何をしているんだ」と自問自答する日々は、辛く苦しいものでした。

　そして、私が学級経営の拠り所にしてきた活動がまるでできないということにも気付きました。学級の状態が思うように育っていかない事態に焦りを感じることもありました。

　それでも、子どもは真面目です。「命を守る行動」だと言われれば、騒ぐことも授業を妨害することもありません。そんな健気な子どもの姿を目にするたびに、授業の在り方や子どもへの関わり方については意識的にアップデートに努めつつ、学級経営の軸にしていた学級活動についてはブレずに実践を重ねました。

　当時は迷いもありました。学級会をして活動を考えたところで声は出せないし、友達と距離を取らなければならない、そんな活動が一体何になるのだろうかという迷いです。しかし、私は子どもの底力を絶対的に信じていました。私の迷いなど吹き飛ばすような、無限の可能性を子どもが秘めているということを。

翌年度、クラス替えこそありましたが、5年生になったその学年を私は担任することとなりました。2年間担任を務めた最後の学級通信にも、当時の私の「揺るがなかった信念」が記されています。

> 　いよいよ、あなたたちの「居場所」であった5年3組も解散のときを迎えました。
> 　自分の居場所には、場所や物、そして自分以外に多くの人がいます。これから先、「居心地がよくないなあ」とか、「つまらないなあ」と感じる居場所に所属することもあるでしょう。そんなとき、自分以外の何かのせいにするのはとても簡単なことです。
> 　例えば、新しく入ったバスケットボールチームで、居心地が悪いと感じたとき、「チームのメンバーのやる気がなくて嫌だ」「初心者ばかりで弱い」「コーチが怖いからやりたくない」「体育館がせまい」のように、自分以外の何かのせいにすることはとても簡単です。全て事実かもしれませんが、そのことを理由にあなたが努力やチャレンジを止めてしまうのは、本当にもったいないことです。何かのせいにしても、人生は豊かに前進しないからです。
> 　同じ状況でも、「（自分が）どうしたらみんなをやる気にさせることができるのか」「（自分が）みんなをリードしていこう」「怖いコーチだからこそ（自分が）もっともっと練習して、認めてもらえるようになろう」「体育館だけではなく、（自分が）声をかけて外でやろう」と、自分にできる努力やチャレンジをしようと思えるかどうかが、あなたの人生を豊かにしていく鍵になると思うのです。
> 　あなたたちの担任でいた2年間は、まさにそれを感じた2年間で

> した。世界中がこれほど混乱し、国と国との大きな争いまで始まって
> しまったこのときに、コロナのせいにしてふさぎ込むのではなく、楽
> しく過ごせたとしたら、それはあなたが自分の居場所を自分で良くし
> ていこうと努力を重ねた結果です。そして、同じ思いで過ごした仲間
> がいた証です。学級会を重ねて、クラスをより良くしようと本気で考
> えてきた証です。マスクを外せないことや、友達に触れられないこと
> を言い訳になどせず、文句も言わず、楽しむ努力やルールの工夫を重
> ねるその姿の美しさに何度も感動し、私は勇気をもらいました。
> 　この2年間、5年3組の主人公があなたであったように、この先の
> あなたの人生の主人公もあなた以外にはいないのです。
> 　コロナがあっても楽しい2年間にできた…その学びを、仲間との
> 実感を誇りにしてください。ずっとずっと応援しています。

　本書で伝えたかったことも、この通信に凝縮されているように思います。新型コロナウイルス流行への未曽有の戦いに大人が翻弄される中、子どもたちはむしろ強く、たくましく成長を重ねました。目の奥の光は、より一層輝きを増していました。
　それは、子どもたちの「生きる力」を信じ、私自身が担任として、学級経営の軸をブラさなかったからだと自負しています。そんな私の「軸」を本書に書き尽くしました。読者の皆さんの、担任としての学級経営における「軸」の形成の一助となれば望外の喜びです。

目次

002 **はじめに**

第0章 咲く花を描く
子どもの見取り方 ── 筆者が考える「学級」のゴール

- 012 **理想の学級?**
- 014 **学級のゴール**
- 016 **コラム「授業がうまくなりたい」**

第1章 学級経営の土壌
学級経営を支えるマインドセット ──1年間を見通した種まき

- 018 **自分を変える一歩がクラスを変える**
  ── 心理領域『CSP』
- 020 **リスクを選べる心理的安全性**
  ── Sゾーンへ挑戦したくなるクラス
- 022 **全員が主体者になるクラス**
  ── リーダーとリーダーシップの違い
- 024 **一人に勇気を集団の勇気につなげる**
  ── 3羽のペンギン
- 026 **「違い」の価値を大切にできるクラス**
  ── 平等と公平の違い
- 028 **コラム「プロジェクト型学級会とは」**

第2章 学級経営の幹
学級経営×学級会 ― 365日実践紹介

- 030 **365日実践紹介について**
- 031 **4月 第0回学級会**
  「NAP ― 生井アドベンチャープログラム」
  担任が主導で活動を行い、クラスのPotentialを表出させる
- 034 **5月 第1回学級会**
  「お互いをよく知って仲良くなろうプロジェクト」
  願い⇒お互いのことをもっと知って仲を深めたい
- 038 **5月 第X回学級会**
  「学級目標を決めよう」
  「共通の目標」である学級目標を設定する
- 040 **6月 第2回学級会**
  「落ち着いて目的達成プロジェクト」
  願い⇒活動に夢中になっても目的を忘れずに達成できるクラスになりたい
- 044 **7月 第3回学級会**
  「ジェンダーフリー流星群」
  願い⇒男女の区別なく関われるクラスになりたい

048 **9月 第4回学級会**
「ズバッと切り替え〇〇さん歓迎会」
願い⇒一人ひとりがリーダーシップを発揮して、切り替えのスピードを速くしていきたい

052 **10月 第5回学級会**
「山登りコンプリート」
願い⇒周りがフォロワーシップを果たして「山登り」をコンプリートできるようになりたい

056 **10月 第6回学級会**
「その場で解決スマイル流星群 ─ 1年生とハロウィン」
願い⇒小さな問題をその場ですぐに解決していけるクラスになりたい

060 **12月 第7回学級会**
「全員活躍クリスマスフェス」
願い⇒もっと全員が活躍できるように意識し合えるクラスになりたい

064 **2月 第8回学級会**
「リーダー&フォロワーサイクル」
願い⇒いつもと違う役割も全員が果たせるクラスになりたい

068 **3月 第9回 「5年1組解散式」**
願い⇒最高の仲間と最高の笑顔で最後の1日を過ごしたい

072 コラム **「議題箱の代わりに」**

第3章 学級経営の根
仲間になる実感を育む ― 学級経営×学級会

- 074 **理想と現実のはざまで**
  ―「子どもに任せる」がうまくいかないあなたへ

- 076 **乗り越える強さを育む「稲作型学級経営」**
  ― 子どもがクラスを創る鍵

- 078 **組織の条件整備①** ―「人の集まり」を「集団」へ
- 080 **組織の条件整備②** ― 学級目標は必要か論争に終止符を
- 082 **学級会の意義** ― アップデートせよ
- 084 **プロジェクト型学級会** ―「集団」を「仲間」へ

1 学級会開き

- 086 **プロジェクト型学級会**
- 088 **これでカンペキ!** そのまま使える学級会開きスライド
- 092 **第0回学級会** ― 物語のプロローグ

2 プロジェクト型学級会　一連のサイクル

- 096 **活動中の関わり**
- 098 **活動の振り返りから議題選定まで**
- 100 **議題選定から学級会まで**
- 102 **学級会から活動まで**

3 プロジェクト型学級会　45分の流れ

- 104 **学級への「願い」に焦点化した話し合いデザイン**
- 108 **「やりたい」を表明する**
- 112 **「違い」を明確にする**
- 116 **「願い」を語る**
- 120 **「希望」を語る**

4 「振り返りの極意」— 子どもが議題を見付ける

- 124 何を振り返るべきか
- 126 「時すでに遅し」とならないために
- 128 ネガティブさえもクラスの Potential に

5 学級会Q&A

- 130 多数決は悪手か?
- 131 全員に発言させるには?
- 132 司会グループの役割は?
- 133 教師は介入してはいけない?
- 134 教師は最初と最後に何を話すの?

第4章 学級経営の肥料
そのまま使えるお役立ちグッズ

- 136 「お役立ちグッズ」目次とデータQRコード
- 137 学級会アイテム① **学級会ノートファイル表紙**
- 138 学級会アイテム② **学級会ノート**(低学年)
- 139 学級会アイテム③ **学級会ノート**(高学年)
- 140 学級会アイテム④ **学級会司会台本**(低学年)
- 141 学級会アイテム⑤ **学級会司会台本**(高学年)
- 142 学級会アイテム⑥ **学級会板書グッズ**(短冊)
- 143 教室掲示アイテム① **「夢を叶えるSゾーンへの挑戦」**
- 144 教室掲示アイテム② **「リーダーシップ — 山登り理論」**
- 145 教室掲示アイテム③ **「学級生活を彩るペンギンたち」**

  子どもへの語り & そのまま使えるスライドデータ
- 146 　自分を変える一歩がクラスを変える「心理領域『CSP』」
- 148 　リスクを選べる心理的安全性「Sゾーンへ挑戦したくなるクラス」
- 150 　全員が主体者になるクラス「リーダーとリーダーシップの違い」
- 152 　一人の勇気を集団の勇気につなげる「3羽のペンギン」
- 154 　「違い」の価値を大切にできるクラス「平等と公平の違い」

- 156 **終わりに**

第 **0** 章

咲く花を描く

子どもの見取り方
筆者が考える「学級」のゴール

理想の学級？

　ある学校で校内研修の講師を頼まれた。テーマは「学級会の意義」。校長先生からのご注文は「明日から学級会をしたくてたまらなくなるような話を…」ということだった。私は冒頭で、先生方にこのように質問させていただいた。

「学級会って何のために行うのだと思いますか？」

　さて、あなたなら何と答えるだろうか。続きを読む前に、ぜひ一度書き出してみてほしい。
　その場では、このような意見が出された。
　　・クラスをよりよくするため
　　・合意形成の仕方を学ぶため
　　・学校生活を楽しくしていくため
　　・児童の主体性を育てるため
全て正しいとした上で、私は自分の考えをこのように伝えた。

「仲間になるため」

　あまりにも抽象的すぎる言葉で、拍子抜けしたかもしれない。しかし、私はこの言葉以上にしっくりとくる言葉をいまだ見付け出せずにいる。当然ながら、「仲間になるため」という言葉でその意義が説明できるわけではなく、この「仲間になる」の解像度を上げる必要がある。そこで次に、私はこう聞いた。

「学級開きしたばかりのクラスの状態と『仲間』と実感できるクラスの状態の違いは？」

　この違いを明確にしていくことが、学級経営のゴールを明確にすることにほかならないと思うからだ。再び、続きを読む前に言語化して書き出してみていただきたい。あなたの理想の学級像が描けるはずだ。
　私は以下の3段階で捉えている。

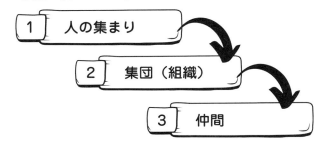

　人は、集まれば自然と「集団」になるなどということは決してありえない。
　例えば、電車内。たまたま偶然同じ車両に乗り合わせた30人。この30人を「集団」または「組織」と捉える人はいないだろう。まさにただの「人の集まり」だ。ほとんどの人がスマホをいじっている。座席を譲るでもしない限り、関わりは生まれない。
　始業式直後の学級は、電車内の状態に近いのだと思う。もちろん、昨年度まで同じクラスにいたことで安心できる友達もいるだろう。だが、これも電車内と同じだ。個別に見れば、友達や家族と一緒に乗っているグループもある。しかし、30人の乗客は「集団」ではない。
　新しい学級のスタートで、子どもたちは自分と同じクラスになる友達を選べない。始業式の日に教師から配られた名簿の同じ列に名前を連ねた、ただの「人の集まり」に過ぎないのだ。それなのに教師は、「子どもたちは自然と集団になり、仲間になれるものだ」と思いがちだ。しかし、考えてみてほしい。あなたは、同じ電車内に乗り合わせた30人に、集団や組織、仲間としての一体感を感じることがあるだろうか。電車に乗る時間が長ければ、自然と30人が仲間になることなどあるだろうか。
　このマインドセットを変えることから、あなたの学級経営がリスタートする。

学級のゴール

　ここでは、クラスがどういう状態であることを「『仲間』になれた」と筆者が定義しているかについて、明確にしておきたい。

　あなたが「仲間」と聞いて、真っ先に浮かぶチームや集団は何だろうか。漫画「ワンピース」の「麦わらの一味」と答える人がいるかもしれない。WBCで優勝した「侍JAPAN」と答えるかもしれない。デビュー30周年を超えた日本を代表するバンドの「Mr.Children」と答える人もいるかもしれない。いずれにしても、否定しようのない素晴らしい「仲間」だろう。そんな「仲間」にたった1年間でクラスをもっていくことなど、できるのだろうか。私は「できる」と申し上げたい。

　私がイメージする「仲間」の形を紹介しよう。それは、漫画「SLAM DUNK」の湘北高校のバスケットボールチームだ。なぜ、私が湘北高校のチームを目指すべき「仲間」としているかについて、以下に述べる。

その1　明確な目標がありチームの全員が本気でその達成に挑んでいる

　湘北高校には、円陣を組んで何度も唱える明確な目標がある。それが「全国制覇」だ。そもそもこのチームは、前年度、前々年度とインターハイ神奈川県予選で1回戦敗退していた。全国制覇だなんて、夢のまた夢。常識的に考えたら「馬鹿げた」目標だ。まずは、1回戦突破を目指すべきだろう。メンバーが補強されたと言っても、現実的には神奈川県優勝、そして全国大会出場が妥当な目標だと言える。しかし、湘北高校の目標は「全国制覇」だ。1ミリもブレない。

　さらに注目すべきは、メンバーの誰もがこの「馬鹿げた」目標の達成を、心の底から本気で目指しているということだ。赤木キャプテンが掲げた目標

が「全員の目標」となり、本気で挑んでいる。

その2 本音のコミュニケーションがある

いつだって本音でコミュニケーションを取っている。そう、不器用なほどに。「周りにどう思われるか」を気にするあまり自分を守るような、同調圧力はない。なぜなら、全員が本気で「全国制覇」を目指しているからだ。

その3 全員が全員を必要としている

当然、バスケが飛び抜けて上手い選手もいれば、ベンチを温める選手もいる。しかし、上手い下手ではなく、その人の存在そのものを認め、必要としている。これは、選手だけに限らない。マネージャーや応援団も含めてチームなのだ。

その4 「好き嫌い」を超えたチームワークがある

主人公の桜木花道は、エース・流川楓のことが大嫌いである。その感情によって、パスをしないという愚かな選択をする場面もあったが、「全国制覇」がかかった場面ではそんなことはない。「勝ちたい」という思いを共有したチームメイトなのだ。インターハイ3連覇を果たした山王工業との全国大会2回戦。試合終了間際、流川が桜木に送ったパスによってシュートが決まり、ハイタッチしたシーンは何度見ても泣ける。直後に我に返って、タッチしたことを後悔するシーンもまた、人間らしくて大好きだ。

さて、話を戻そう。私は、湘北高校バスケ部のようなクラスを創りたい。言葉を選ばずに言えば、クラスメイトのことは好きでも嫌いでもいい。「全員と仲良くしなさい」などという綺麗事は、学年が上がるにつれて通用しなくなる。目指すべきクラスは仲良しこよしの集団ではない。例え苦手意識のある相手であっても、クラスがよりよくなるためであれば、躊躇なく力を合わせる。大好きな友達に対してであっても、クラスがよりよくなるためであれば、異を唱える。そして、何かをみんなで達成したときには、思わず隣の人とハイタッチを交わす。そんな仲間を創りたいのだ。

授業がうまくなりたい

　誰だって一度は思ったことがある、または今も思い続けている教師共通の願いだろう。私も若い頃、ずっと思い続けて教材研究に励んだ。しかし、今振り返ってみると、この「授業がうまい」の解像度が低かったと思う。改めて言語化してみると、当時の私が欲しがったのは、「子どもが発する言葉やつぶやきを巧みにファシリテートしながら、子ども自身の気付きや発見をつないで、学びの本質にたどり着くことのできる力」だ。そんな私の憧れを察してか、当時同じ学年担当を組んでいた先輩に、「学級会をちゃんとやれば、授業もうまくなるよ」と言われた。国語の授業を見てもらった後にだ。

　当時は半信半疑だったが、今はこの言葉が、あのときの私に一番必要な言葉だったのだと思える。大変恐縮なことに、今では私の授業を「見せてください」と学びに来てくださる、とても謙虚で意欲的な方が多くいる。その方々が、私の授業力として一様に認めてくださるのが、上の下線部分だ。

　だからこそ、私も声を大にして言いたい。「授業がうまくなりたければ、学級会をやろう」。学級会を満足にできるようになったとき、当たり前のようにあなたの授業力は上がっているはずだ。

第 **1** 章

学級経営の土壌

学級経営を支える
マインドセット
1年間を見通した種まき

自分を変える一歩がクラスを変える

心理領域『CSP』

　本書を読んでくださっている方の多くが、今現在担任をされていることだろう。さて、あなたは子どもたちにとって「何を教えてくれる」先生だと胸を張って言えるだろうか。または、自分が担任したからには、「どんな力を育てたい」と思っているだろうか。堅苦しい模範解答を言うなれば、「各教科等における資質能力を身に付けさせ、人格の完成を目指す」となるだろう。しかし、これは全ての教員に課せられたミッションである。ここにどんなに抽象的でもよいから、「教師としての自分らしさ」を滲み出させたい。きっとそれが、わざわざ教職課程を履修し、教育実習をして、教員採用試験合格を勝ち取ってまでこの仕事を選んだ理由にほかならないと思うからだ。もちろん、教師を志したときと今とでは、その答えが変わっていてもよい。私も変わった。様々な先生や子ども、保護者との出会いの中で、「教師としての自分らしさ」がより明確になってきた。

　すぐには答えられないかもしれない。しかし、私はこの10年くらい、明確に言語化し、具現化する努力を続けてきた。それは自分にとって強みであり、子どもにとって「オンリーワン」の魅力となるはずだからだ。

　さて、私が関わる全教育活動を通して担任として使命感を燃やしているのは、次の2つだ。

「夢を叶える力」を育てる担任でありたい
「自分の居場所を自分で良くしていける力」を育てる担任でありたい

　この2つを同時に叶えていくマインドセットを、右ページで紹介する。
　さて、当たり前だが、サッカー選手を目指している子に、プロサッカー選手になれるだけの

スキルを教えることなんて、私には到底できない。医者になりたい子であれば、私なんかよりも賢くなる必要がある。では、「夢を叶える力」とは何か。私はそれを「Sゾーンへの挑戦を続けること」と定義している。「Sゾーン」…聞いたことがない方がほとんどだろう。次に、心理領域の話をしていく。

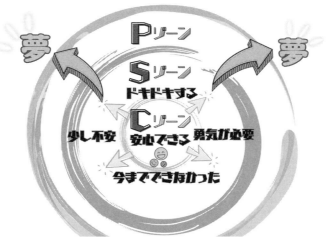

ミシガン大学ビジネススクール教授ノエル・M・ティシー氏提唱

　人の心には、3つの心理領域がある。安心できる心理状態である「C（コンフォート）ゾーン」。少し不安が伴い、ドキドキしたり、踏み出すのに勇気が必要だったりする「S（ストレッチ）ゾーン」。そして、心身に悪影響を及ぼすほどやりすぎな「P（パニック）ゾーン」。

　人は人生の多くの時間をCゾーンで過ごすが、Cゾーンにとどまっていると成長することはできない。人間の成長には、Sゾーンへの挑戦が欠かせないのだ。そして、Sゾーンへの挑戦を重ねていくと、これまでSゾーンだったことが、安心してできるCゾーンへと変わる。そう、Cゾーンは広がるのだ。当然、それに伴ってSゾーンも広がる。こうしてSゾーンを広げていった先に、夢をつかみ取る未来が待っている。また、クラスをよりよくするために一歩踏み出したSゾーンへの積み重ねが、クラスに居心地の良さを生み出す。クラスそのものがCゾーンになるからだ。

　私のクラスでは「Sゾーン」「Cゾーン」という言葉が、学級会や日常生活の中で、さらには学校を離れた場でも子どもの口から聞こえてくる。

リスクを選べる心理的安全性

Sゾーンへ挑戦したくなるクラス

　前ページで紹介した心理領域「C/S/Pゾーン」は、児童個人に対してのマインドセットだ。ここでは、それが学級経営にどう影響していくかについて紹介する。

　まず、「Sゾーン」に挑戦することがいかに大切で、いかに勇気がいることで、夢を叶える挑戦であるかについて、日々の行動をキャッチして価値付けたい。どんなに種を撒いても、芽が出たときに水をやらなければ枯れてしまう。今、この本を読んでいるあなたは、本書が初めての教育書ということはないだろう。おそらくこれまでにも、複数の教育書を読んでこられたことと思う。それらの中にあった、「これいいな。やってみよう」と思った手立てのうち、何％くらいを実際にやってみたり、続けているだろうか。…人間とはそういうものだ。「良い」とは頭で分かっていても、実際にやるかどうかは別次元の問題なのだ。「ダイエットは明日から」と考えていると、いつしかダイエットしようと思っていたことすら忘れている。種を撒いたならきちんと水をやり、成長を見守って伴走していくことが学級経営なのだ。

　私が子どもたちに価値付けをした、学級通信の一部を紹介する。

　体育でとび箱の学習を進めています。得意な人も苦手な人も、好きな人も嫌いな人も、全員が自分の「Sゾーン」へ挑戦していて感動します。苦手なことや嫌いなことに挑戦するって簡単じゃないですよね。将来、とび箱の技を生かした仕事をする人はほとんどいないでしょう。それなのに、「こんなことをして一体何の意味があるのですか？」と言って挑戦しない人はいない。なぜなら、挑戦そのものがあなた達にとって「意味のあること」、そして「楽しいこと」になっているからです。そして、きっと心のどこかで分かっているのでしょう。努力する過程で、とび箱の技を１つ習得すること以上に大切なことが学べるということを。

　〇〇さん、●●さん、■■さんは、２回目の授業でずっと開きゃくとびの練習をしていました。「10回やってだめだったから、もう無理だ」ではないのです。はじめはお尻がとび箱に乗って座ってしまうという状態から、1mmずつお尻を着く位置が前になり、「次こそは」「次こそは」と本当に1mmずつ幅を広げていったのです。

> 　3人とも、時間内に見事に越えられました。できたときの笑顔が最高に美しくてたまりませんでした。思わずハイタッチしました。3人だけでなく、45分の中で同じ技を30回以上練習している人も少なくありません。そして〇〇さんが、こんなことを言っていました。
> 　「あんなにできなかったのに、1回できるようになったら、なんだか普通に連続でできるようになりました」。…まさに、これなのです。とび箱に挑戦することを通して、あなた達が1mm、また1mmと広げていったのは、ほかでもない「Cゾーン」であり、「Sゾーン」なのです。
> 　「Sゾーン」への挑戦を続ける限り、そのことがずっと「Sゾーン」であるということありません。「S」を「C」に、「P」を「S」にと広げていった先に、あなたらしさが輝く未来が待っていることを私は確信しています。

　せっかくダイエットを始めても、誰にも「痩せたね」と言われなかったら、続けたいとは思えない。減っていく体重を見ることでモチベーションは保たれるが、結果よりも過程を認めてもらえることこそ、心に灯った火をクラス全体に広げることになる。

　さて、「Sゾーン」へ挑戦したいと多くの子の心に火が灯り始めたところで、次なる種を撒こう。それは、「Sゾーン」に挑戦したくなる集団を創ることだ。「Sゾーン」を恐れ、「Cゾーン」に留まることを選択してしまう子どもにとっての最大要因は何か。それは「失敗の価値を知らない集団」に所属していることだと考える。学校教育で言えば、担任の学級経営が全てだ。

　「うちのクラス、全然手を挙げないんですよ」と話す先生がいる。しかし、入学当時あれほど「はい！」「はい！」と我先に手を挙げていた子どもたちが、なぜ手を挙げなくなるのだろうか。「手を挙げて発表する」ことは、多くの1年生にとって「Cゾーン」だった。なぜ学年が上がるにつれて、同じ行為が「Sゾーン」になっていくのか。それはきっと、「発表して損した」経験やそれを間近で見た経験が積もり重なってきたからだろう。

　「教室はまちがうところだ」「何でもいいから言ってごらん」と口では言いながら、本当にその間違いや的外れな発言に価値付けをしてあげているだろうか。「言ってよかった。」と思わせてあげているだろうか。

　みんなの前で発言できるかどうかは、あくまで一例に過ぎないが、失敗しても笑われず、挑戦したことそのものを認められる学級風土があれば、そのクラスの心理的安全性は高くなる。心理的安全性が高いクラスであれば、子どもはリスクを選べる。そう、「Sゾーン」に踏み出すというリスクだ。

全員が主体者になるクラス

リーダーとリーダーシップの違い

「みんなちがって、みんないい」…金子みすゞ氏が100年以上前に「私と小鳥と鈴と」を発表し、教育界でも大切にされてきたこの言葉。しかし、一体どれだけの「みんなちがって、みんないい」教室が日本に存在するだろうか。そのような教室にしたいと願い、理想を描きながらも、担任としてのあなたは求めていないだろうか。全員がリーダーになることを。

確かに高学年、特に6年生にもれば、児童会やクラブ活動等で下級生をまとめる役割を担う。そのときに困らないように、リーダーとしての資質を育てたいという気持ちや担任としての責任があることも分かる。しかし、だからこそ、「リーダーシップ」の解像度を上げることで、子どもたち一人ひとりの「なりたい自分」に寄り添った指導が可能になる。だって、そうでしょう。あなたの職員室に校長が10人いたら困る。リーダーは一人いればいいのだ。

それではまず、従来（2000年前後まで）「リーダー」という言葉がどのような意味をもっていたかについて確認したい。

多くの先生方は、今でもおおむね上のような認識でいるのではないだろうか。だとしたらやはり、たくさんのリーダーは不要だ。上の図のように、「リーダー」というのは役割のことだ。代表委員や学級委員、クラブ長や委員長などの、分担された役割のことだ。「リーダー」役を決めるので、これを「見える役割」と呼ぶ。

一方で「リーダーシップ」については、「シェアド・リーダーシップ」と

いう考え方を大切にしたい。Pearce&Conger(2003)では、シェアド・リーダーシップは、「グループまたは組織、あるいはその両方の目的の達成に向けて、個人がお互いにリードし合うことを目的としたグループに所属する個人の間の動的かつ相互作用的な影響力のプロセス」と定義されている。では、子どもにもわかる「シーダーシップ」の定義とは？　私はこう説明している。

「チームが良くなるために、自分から考えて行動すること」

　このように「リーダーシップ」を定義すると、全員に発揮してほしいと願うことも至極真っ当なことになる。「リーダーシップ」は、特定の「誰か」にだけ備わっている能力ではない。誰もが有しているのだ。そして分担した役割ではなく、自ら選択する行為、つまり「見えない役割」だ。そこに主体的な「意思」が働く。ただし、「何でもいいからやってごらん」と言っても、リーダーシップが育つわけではない。そこで私は、玉川大学の玉川アドベンチャープログラム（TAP）で使われている「山登りリーダーシップ論」を、児童にも分かるようにアレンジして伝えている。

　これらは「見えない役割」ではあるが、自分がどんなリーダーシップを果たしているかについては、常にメタ認知させる必要がある。「今の自分はどのリーダーシップを発揮している？」「今日の活動では、どんなリーダーシップを発揮したい？」「自分が得意（苦手）なのはどのリーダーシップ？」のように、折あるごとに確認するのだ。全員がどのリーダーシップも意識できたとき、結果として「誰もがリーダーになれる集団」に育っていることだろう。

一人の勇気を集団の勇気につなげる

3羽のペンギン

　「ファーストペンギン」という言葉は、教育の世界でも多く聞かれるようになった。聞いたことのない方のために、ここでも確認したい。

> 　ペンギンは多くの隊列を作って氷上を移動したり、エサの魚を囲い込んで食べたりと、常に群れで行動している。しかし意外なことに、リーダーは決まっていないそうだ。女王蜂やボス猿のように、誰もが認める「見える役割」が存在しない。
> 　海には多くの魚がいるが、同時にペンギンの命を奪う、シャチやトドもいる。リーダーがいないから、誰かが飛び込むまで様子を見て、氷上でよちよち歩いている。かわいいなんて悠長なことは言っていられない。いつまでも氷上に留まっていては食料にありつけず、餓死してしまう。すると、どこからともなく一羽の勇敢なペンギンが現れ、海に飛び込むのだ。
> 　そう、この勇敢なペンギンこそ、「ファーストペンギン」だ。山登りリーダーシップ論で言えば、「先頭」という「見えない役割」を買って出たペンギンだ。

　この話を子どもたちにするとして、あなたは担任として学級経営にどのように生かしたいと考えるだろうか。もし、「よし、みんな、ファーストペンギンになろう！」と言おうと思ったのなら、「回れ右」をしよう。もう一度、22・23ページを読んで、山登りリーダーシップ論を確認してほしい。目指すべきは、ファーストペンギンを大量生産することではない。ファーストペンギン以外をどう育てるかが大切なのだ。なぜなら、日本全国どの学級にも、ファーストペンギンは現れる。もし現れないとしたら、勇気を出して一歩踏み出したときに見逃してしまい、価値付けをしなかったがために、「ファーストペンギンになること」をやめてしまったのだろう。「Sゾーン」だったはずが「Pゾーン」になっていて、挑戦そのものを<u>やめさせて</u>しまっている状態だ。

　では、どうすればよいのか。結論から言おう。

2羽目のペンギンを価値付ける

　とにかくこれに尽きる。ファーストペンギンを賞賛すればするほど、皮肉にも「その役目は俺じゃない」と思う子を増やしてしまう。かと言って、ファーストペンギンの勇気を認めずに2羽目ばかりを褒めたら、ファーストペンギンはいじけるだろう。先頭打者がヒットで出て、2番打者が送りバントを決めたときに、先頭打者のヒットは評価されずにバントばかり評価されたら、誰も先頭打者にはなりたくない。

　だから、どちらも価値付けるのだ。どちらが大切とかではない。どちらも必要だという学級風土を醸成する。そのために、異なる名前のペンギンを「学級ワード」として定着させていく。その名も「コウテイペンギン」。実際にいるコウテイペンギンの生態とは関係がない。勇気あるファーストペンギンに続いて海に飛び込み、勇気の輪を広げていける存在、そう、「『肯定』ペンギン」だ。

　良いことを真似するのは簡単だ、わざわざ取り上げて認めなくてもいいと思うかもしれない。しかし、考えてみてほしい。例えば教室移動のときに、「早く整列しよう」と声をかけてくれるファーストペンギンが現れる。しかし、誰も続かないばかりか、誰も急ごうとしない。するとどうだろう、「早く整列しよう」と言った子が何かおかしなことを言ったかのような空気になる。これは本当によくない。

　コウテイペンギンが続いてこそ、ファーストペンギンも輝けるのだ。ただし、コウテイペンギンが続いてはいけない場合もある。ファーストペンギンが、負の方向に目立った行動をするときだ。例えば、授業中にしりとりが書かれた折り紙が回ってきたとする。このときにすべきことは、「コウテイ」する、つまりしりとりに参加することではない。「自分はやらない」という強い意思をもち、「踏ん張る」勇気をもつことだ。3羽目のペンギンは、フンボルトペンギンになぞらえて、「フンバルゾペンギン」と名付ける。

　ここまで説明すれば、2羽目の「コウテイペンギン」「フンバルゾペンギン」がいかに大切かがお分かりいただけたことだろう。そして、2羽目と言いつつ残り全員が2羽目であり、30羽目の「コウテイペンギン」「フンバルゾペンギン」となる。クラスは全員で創るのだ。

「違い」の価値を大切にできるクラス

平等と公平の違い

　下のような図やイラストを目にしたことがあるだろうか。「平等」と「公平」の違いを分かりやすく説明するためによく用いられる。

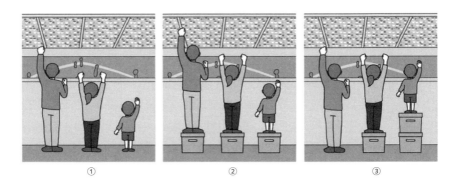

①　　　　　　　　　　②　　　　　　　　　　③

　まず、①のイラストを見てほしい。野球を見に来た3人がいる。右の二人は、フェンスより下に頭があるので野球を観戦することができない。
　そこで木の踏み台を3つ用意した。この3つをどのように使うかが「平等」と「公平」の違いを表している。
　②は、3つを3人で1つずつ分けている。これは「平等」である。平等とは差別がなく、みな一様に等しいことを意味するからだ。
　一方で③は、左の人は踏み台を使わず、中央の人が1つ、右の子は2つの踏み台を使っている。これは、平等ではない。使える踏み台の数に差があるからだ。しかし、イラストを見れば分かるように、この踏み台の使い方によって、3人の視線の高さが一致した。「公平」に野球観戦を楽しめるようになったのだ。
　このように、まずは教師自身が「平等」と「公平」の違いについて、正しく理解する必要があるだろう。そうしないと、「先生だけ給食が大盛でずるい！！」と言われても、返す言葉がないだろう。

では、どのように子どもに説明するか。このイラストの説明は大人には分かりやすいが、子どもには難しい。同じ年の友達と生活しているクラスにおいては、もっと身近な例でユニークに説明していきたい。
　私の子どもへの語りは、主に２段階だ。まずは、自分は担任として「平等に接すること」「平等に褒めること」「平等に叱ること」を目指していないことをはっきりと伝える。その具体的な語りは、第４章を参考にしてほしいが、子どもたちはたいそう驚く。とんでもない人が担任になったと一瞬思われるかもしれない。しかし、だからこそはっきりと宣言しておくのだ。
　その上で２段階目として、クラスメイト同士でも「平等に接することはない」ということについて考えさせる。ここで再び使うのが、心理領域の「Ｃ／Ｓ／Ｐゾーン」だ。どんな行為が「Ｃゾーン」で、どんな行為が「Ｓゾーン」で、どんな行為が「Ｐゾーン」なのかというのは、そもそも一人ひとり違うということを体験的に実感させる。「平等でなくてよい」ということを理解させるのはこれに尽きるのだ。
　私はこのことを保護者会でも説明するので、ここではそれを紹介したい。心理領域の説明をした上で、次のように語る。

　　初任の頃、初めての保護者会で私が一方的に話して保護者会を閉じた後、ＰＴＡでも活躍されていたある一人のお母様が、私のところに来て教えてくれました。
　「生井先生、ダメですよ。親はね、何を話そうか考えてきてるの。一人一言話させるものよ」。
（こう話すと苦笑いをする方や、首を横に振る方がいるはずだ）
　今〇〇さんが、首を横に振って意思表示してくださいましたが、安心してください、私はそのような流れで保護者会をするつもりはありません（笑）。何が言いたいかというと、その方にとって「保護者会の場で話をする」という行為は、安心してできること、つまり「Ｃゾーン」なのです。しかし、全員が同じように安心してできるわけではありません。ドキドキして不安だという「Ｓゾーン」の方もいれば、そんなことをさせられるのなら次からは来ないという「Ｐゾーン」の方もいるかもしれません。何に対して、どのような広さのゾーンをもっているかは、千人いれば千通りあるのです。保護者の方同士のつながりがどこまであるかは分かりませんが、子どもたちは一年間をかけて、互いのゾーンを理解します。いや、理解する努力を担任としてさせたいのです。「自分は簡単にできることだから、あの子ができないのはおかしい」ではなく、「どうしたらあの子も、安心してできるようになるかな。自分にできることは何かな」と互いに考えられるクラスにしたいのです。だって、全ての人には得意不得意の凸凹、豊かな違いがあるのですから。

COLUMN

プロジェクト型学級会とは

「学級活動」の目標は、小学校学習指導要領（平成29年告示）解説　特別活動編に次のように書かれている。（下線は著者による加筆）

> <u>学級や学校での生活をよりよくするための課題を見いだし，解決するために話し合い，合意形成し，役割を分担して協力して実践</u>したり，学級での話合いを生かして自己の課題の解決及び将来の生き方を描くために意思決定して実践したりすることに，自主的，実践的に取り組むことを通して，第１の目標に掲げる資質・能力を育成することを目指す。

下線部分が「学級会」における目標になるわけだが、ここを読めばそもそも「学級会」は「問題解決型」が前提であることが分かる。では、本書で紹介していく学級会の実践を、何をもって「プロジェクト型学級会」と定義しているか。それは一つ一つの学級会が「点」ではなく「線」でつながっていくということだ。

この実践は、私が勤めた東京都の大田区立蒲田小学校で、「人権尊重の理念」を実現する校内研究の柱として提案したもので、長年講師として玉川大学TAPセンターの川本和孝先生にご指導いただきながら、全教員でブラッシュアップを重ねて形にしたものだ。切磋琢磨した同僚一人ひとりの顔を思い描き、ニヤニヤしながら幸せな気持ちで筆を進めていることを、最大限のリスペクトと
感謝を込めてここに記す。

第2章

学級経営の幹

学級経営×学級会
365日実践紹介

365日 実践紹介について

　ここまでは、学級経営のマインドセットについて説明してきた。
　この章では、私の学級でどのように1回1回の学級会が線でつながり、学級経営の幹として機能しているかの超具体を過去の実践から紹介する。4月から3月に向けて、教師のどのような指導や関わり方をするかによってただの「人の集まり」であったクラスが「集団」として変容し、「仲間」へと育っていくのかを実感していただければ幸いだ。特定の1年間ではなく、複数年に行った学級会を意図的に混ぜてご紹介する。
　もちろん、学級経営は学級会を通してのみ行われるわけではない。日常の関わりの全てが学級経営だと言っても過言ではない。だからこそ、第1章で述べた「マインドセット」に支えられた語りが、その場限りで終わらないことが何より大切だ。第4章「学級経営の肥料『そのまま使えるお役立ちグッズ』」でご提供している掲示資料を必要に応じてカスタマイズして、教室で活躍させてほしい。

「私にとっては『Sゾーン』だけど、挑戦したい」
「今は、フンバルゾペンギンでいられたなあ。我慢できた」
「ファーストペンギンになってくれてありがとう」
「いやいや、コウテイペンギンの君こそありがとう」
「今回は、山登りの『全体を見る』に挑戦したいなあ。今まであまり意識してこなかったから」

　などと子どもの口から子どもの言葉として出てきたとき、撒いた種が根を張り、芽を伸ばしていることが実感できる。教師の説法に頼るのではなく、子どもが自分の人生を豊かにするために自ら技能化できることを目指していく。その一端を感じていただけることを期待して、この章を綴る。

4月（第0回）

April

第0回 学級会

議題

NAP
生井アドベンチャープログラム

担任の願い

第1回学級会の議題を見出すために
担任が主導で活動を行い、
非日常の体験からクラスの Potential を
表出させる。

4月(第0回)

活動

今日からいよいよ学級会を始めていくために、5年1組の現在の「Keep（良さや大切にしたいこと）」と「Potential（伸びしろ）」を探しながら、みんなで思い切り楽しんで活動していきましょう。

バースデーサークル
―ルール―

1. 教師の「スタート」の合図で、誕生日の順番になるように全員で1つの輪をつくる。
2. 全員が並んだら、一人ずつ立って自分の誕生日を言う。
3. 誕生日順だったら成功。

周りに声をかけている子や自分から動いている子を価値付ける声かけをする。

見事にバースデーサークルが完成しました。
お互いの誕生日を覚えているわけではないのに、なぜ成功したのだと思いますか？
そうですね。「7月の人いる？」「10月だよ〜」などと声をかけてくれる人がいて、大体どのあたりに行けばいいのかが分かりやすかったですよね。
決めたわけではない「見えない役割」を果たしてくれる人がいて、サークルが完成するんですね。
では、レベルアップしますよ。次は声を出してはいけません。
下の名前が国語辞典に出てくる順番に並び替えます。
よ〜い、スタート！！

活動後の振り返り

Keep
見えない役割でリーダーシップを果たしてくれる人がいたから楽しめた。

Potential
みんなのことをあまり知らないから関わりづらい。もっとよく知って仲良くなりたい。

学級の様子と担任の関わり

　4月にやることが多い第0回学級会なので、クラスの状態はただの「人の集まり」に近い。しかし、子どもたちの中から「お互いにもっとよく知り合いたい」と自然発生的に声が上がることは少ない。だからこそこの活動を通して、まだクラスがただの「人の集まり」でしかないことをメタ認知させる。

　担任が「自己紹介して仲良くなろう」と強制するのではなく、子どもたちに「もっとよく知れば、色々なことが楽しくなりそうだ」と、「仲良くなりたい」意欲を引き出す活動にしたい。

　授業中にも「関わり」を生む活動をする時期である。子どもから出たPotentialとつなげて、活動の意義をきちんと説明する。

5月(第1回)

第1回 学級会

議題

お互いをよく知って
仲良くなろうプロジェクト

子どもの願い

まだクラス替えをしたばかりで
お互いのことをよく知らないために、
Sゾーンに挑戦しづらい。
今よりも居心地のいいクラスになるために、
お互いのことをもっと知って仲を深めたい。

話し合いのめあて

一人ひとりが自分の考えをもとう。

活動案

　児童が班ごとに考えて提案した6個の活動案の中から、フォームアンケートで2つに絞って学級会を実施した。この章では、私のクラスで提案された活動案を数多く紹介する。あなたのクラスの活動案や、児童が考えた案への助言に生かしていただけたら私も幸せに思う。

猛獣の自己紹介
―ルール―

1. リーダーはくじを引いて、書かれている動物の名前と自己紹介内容を叫ぶ。
2. 「ライオンが好きな食べ物」だったらライオンは4文字なので4人で集まり、好きな食べ物を紹介し合う。
3. 「好きな食べ物はカレーだガオー」のように動物の鳴き声を語尾に付ける。

自己紹介ケイドロ
―ルール―

1. 泥棒は逃げ、警察が追いかける。
2. 捕まった泥棒は、牢屋に行く。
3. 牢屋に入った泥棒は、一対一で別々の二人と自己紹介したら、牢屋から逃げることができる。
4. 自己紹介の内容は、毎回変えないといけない。

5月(第1回)

学級会の様子

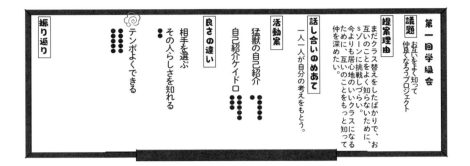

第一回学級会
議題 お互いをよく知って仲良くなろうプロジェクト
提案理由 まだクラス替えをしたばかりで、互いのことをよく知らないために、お互いにSゾーンに挑戦しづらいクラスになってる今よりも居心地のいい互いのことをもっと知りためにも仲を深めたい。
話し合いのめあて 一人一人が自分の考えをもとう。
活動案
　猛獣の自己紹介
　自己紹介ケイドロ
良さの違い
　相手を選ぶ
　その人らしさを知れる
　●●●
　テンポよくできる
　●●●
振り返り

　このときの学級会の様子を紹介する。
　・「やりたい」を表明する。
　この段階ではどちらにも賛成意見が出され、どちらの賛成の理由も「楽しみながら、自己紹介できるから」という趣旨のものが多かった。
　・「違い」を明確にする。
　違いを見出すためには、実際に自分が活動している様子を頭の中で描けていることが重要だ。その上で、実際に自分が自己紹介している場面を想像できた子が、次のような違いを発表してくれた。

「猛獣の自己紹介は、決められた人数で集まるときに自分で相手を選ぶ必要があるから、もっと仲良くなりたい人を探して近付くというSゾーンへのチャレンジがある」
「ケイドロは、牢屋に行ったタイミングでそこにいる人と次々と自己紹介すればいいから、あまり相手を選ばなくてよい」

さらに別の子が、

「猛獣の自己紹介は鳴き声を付けるという恥ずかしさがあるけれど、そこでその人らしさを知ることができるという良さがある」と言ってくれた。

　つまり、チャレンジレベルが高いか低いかという論点で整理することができた。その上で、まずは簡単に自己紹介できることを楽しむことから始めていきたいと合意形成を図ることができた。

活動後の振り返り

Keep
ルールを守って楽しめた。
色々な人と関わることができた。

Potential
自己紹介がテキトーになってしまったから、目的を意識して活動できるようになりたい。

学級の様子と担任の関わり

　学級集会では子どもたちが Potential として挙げたように、ケイドロに夢中になるあまりに自己紹介がテキトーになってしまった。このように、思い切り楽しい時間の中でも集団としての Potential を見付けられることが大切だ。

　そこで、第2回学級会の議題は「落ち着いて目的達成プロジェクト」となるわけだが、この非日常で見出した Potential を日常の学級生活でいかにキャッチして価値付けていくかが、教師の大きな役割となる。

　「議題名」を使って、掃除を真剣にやる子に「〇〇さん、目的達成への意識が高いね」「今日の活動の目的は？そう。意識しようね」などと言葉かけをして、一般化して適用していくことが大切だ。

5月〈第X回〉

第X回 学級会

議題

学級目標を決めよう

担任の願い

クラスの様子が分かってきたところで、
「人の集まり」を「集団」にする条件整備として、
「組織の三要素」（P.78）の１つの
「共通の目的」である学級目標を設定したい。

新年度が始まって学級開きをすると、すぐに学級目標を決めたくなるかもしれないが、私はお勧めしない。なぜなら、クラスの様子が分かっていなければ、「願い」を表出させることなどできないからだ。私が行うのは早くても５月、遅いときには７月頭のときもある。

私がどのように学級目標を子どもたちに考えさせるかを紹介したい。まず子どもたちに、学級目標の条件についての4点を伝える。

1 全員の「こんなクラスにしたい」という願いが込められている

2 ONE PIECEで言えばゴーイングメリー号の旗のように愛着がもてる

3 色々な意味が込められていてこれからも意味を追加していける

4 誰かに学級目標を聞かれたら全員が迷わずすぐに答えられる

　つまり、願いがこもっていて大事にできれば、何でもいいのだ。ただし、全員が覚えていられる短さが重要だ。
　過去には以下のようなユニークな目標もあった。構えることなく「こんな感じでいいのか」と思ってほしい。

「このように、他のクラスの人が見ても意味が分からない言葉でもいいのです。ただ、「どういう意味なの？」と聞かれたら、そこに込めた思いを語ってほしい。一人ひとりが違う言い方でもいい。自分の言葉で語れるからカッコいいし、意味があるのです」
　ここまで語れば、子どもたちはもう考えたくてたまらない様子になる。「個人で考えてもいいし、友達と一緒に考えてもいいよ」と言って、時間を取ったのちに提案させる。私は、「Canva」を使ってデザインまで一気に作らせる。そして、子どもの賛成意見を中心にして話し合いを進行しながら、教師主導で決定する。これは多数決で良いと考えている。学級目標の設定は、ゴールではなくてスタートなのだから。そして、この年の学級目標は「流星群」に決まった。

第2回 学級会

議題

落ち着いて目的達成プロジェクト

流星群
一人一人が自分らしい個性を大切にしながら、クラス全体としても流星群のようにキラキラ輝けるように

子どもの願い

楽しくて活動に夢中になってしまうと、
その活動の目的を忘れてしまうことがある。
流星群に近付くためにも、
楽しい時こそ集団としての目的を忘れずに
達成できるクラスになりたい。

話し合いのめあて

近くの人の考えを積極的に聞こう。

活動案

　2回目ということもあり、班ごとに1つ提案するように縛るのではなく、一人でも二人以上でも一緒に提案したい人がいれば自由にどうぞという形で活動案を募集して、10個の案から2つが選ばれた。

ジャンケン伝言列車
―ルール―

1. 音楽が止まったら、自己紹介し合いたい人とペアになる。
2. 好きなものは何かを言い合ってからジャンケンをして、負けたら肩に手を置いてつながる。
3. 3人以上になったら、最後尾になる人は一番後ろから好きなものが何かを前の人に伝言していく。それぞれ完了したら、ジャンケンする。

早口言葉ハンティング
―ルール―

1. 4人でチームを組んで、前後半に分ける。
2. 早口言葉が書かれた折り紙を宝として、後半グループが教室に隠す。
3. 前半グループは、宝を見付けたら全員が5回言えるまで練習をして、後半グループにジャッジしてもらう。
4. クリアできたらほかの宝を探す。
5. 前後半を入れ替える。

学級会の様子

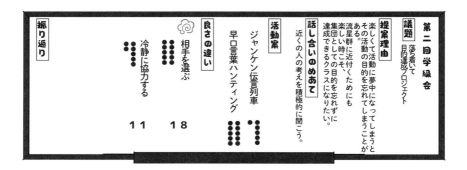

　「良さの違い」を整理するときには、出されている案の数は少なければ少ないほど違いを見付けやすい。定食屋さんで、セットのご飯が「コシヒカリ」か「玄米」かだったら、あなたは割とすぐに決められるだろう。違いがハッキリするからだ。しかし、「コシヒカリ」「あきたこまち」「玄米」だとどうだろう。急に難易度が高くなる。もしくは、「白米ならどっちでもいいわ！」となってしまうだろう。「良さの違い」を整理するのはなかなか難しいことなので、学級会に挙げる活動案は第1回も第2回も2つだけで行っている。このときの学級会の様子を紹介する。

・「違い」を明確にする。

　今回は、Potential である「目的を忘れないように達成する」の「目的」が違いとして見出された。

　「ジャンケン伝言列車」では、「相手を選ぶときに自分のSゾーンにいる友達を選ぶ」という目的、「早口言葉ハンティング」では、「決められたチームの中で、急ぐあまりにごまかしそうなところを、冷静に協力する」という目的だ。

　ここで、どちらにも賛成意見が出された。その上で、「自分で相手を選ぶ」という主体的な行為にクラスをより良くするための優先度が高いと感じる子が多くいて、多数決で「ジャンケン伝言列車」に決まった。

活動後の振り返り

Keep
最初はCゾーンの友達ばかりを選んでいたが、2回目からは目的を意識して新たな交流ができた。

Potential
同性同士は選びやすいが普段の生活でも男女の壁を感じるので、男女の距離を縮めたい。

学級の様子と担任の関わり

　学級集会が始まると、盛り上がりながらジャンケン列車を楽しんでいた。しかし、1回目は目的を意識できていた児童が少なく、特に最初の相手を選ぶときは、ほとんどの子が仲良しの子とジャンケンをしていた。

　そこで私は、2回戦を始める前に躊躇なく介入して確認した。「今回の目的は何？　どうしてジャンケン伝言列車に決まったんだっけ？　それはできてる？　一人目の相手を選ぶときが一番Sゾーンだよね。そこで意識できるといいね」と。

　すると2回戦は、果敢に親交の浅い友達を選んでやっていた。集会後には新たなPotentialとして、「男女の壁」が出てきた。日常生活に適用しやすい、よいPotentialを見出すことができた。

第3回 学級会

議題

ジェンダーフリー流星群

> 議題名や提案理由でも学級目標を意識していく

流星群
一人一人が自分らしい個性を大切にしながら、クラス全体としても流星群のようにキラキラ輝けるように

子どもの願い

友達と一緒に活動するとき、同性に比べて
異性とやるときに、壁を感じる。
流星群として一人ひとりの個性を輝かせるためにも、
男女の区別なく関われるクラスになりたい。

話し合いのめあて

男女で相互指名して進めよう。

> 話し合いのめあてにも
> クラスの Potential を入れこむ工夫

活動案

世にも奇妙な物語

—ルール—

1. クラスを3グループに分ける。
2. 「ホラー」「コメディ」「ファンタジー」「感動」の中から、くじでテーマを決める。
3. 男女男女の順に、一人一文ずつタブレットで物語をつくる。
4. 10分経ったら、それぞれの物語を紹介し合い、他のグループのテーマを当てる。

ビートチャレンジウィーク

—ルール—

1. 休み時間になったら、次の時間の準備ができた人から廊下に出る。
2. 出た人から男女のペアになり、ビート5にチャレンジする。
3. ビート5が成功したら休み時間。
4. 失敗したら相手を変えてチャレンジ。
5. 1週間続ける。

ビート5はこちら

男女救出ケイドロ

—ルール—

1. 通常のルールのケイドロ。
2. 男子を助けられるのは女子だけ。
3. 女子を助けられるのは男子だけ。
4. 必ず両手でハイタッチ。
5. 1回終わるたびに、助けてもらった人に「ありがとう」を言う。

学級会の様子

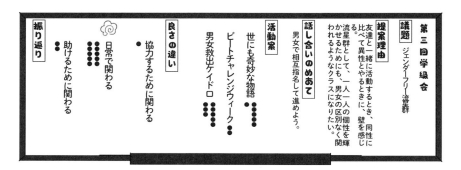

　学級会の進め方に子どもたちが慣れたことと、事前にフォームで絞る段階で3つの活動案に差がなかったことから、この学級会は3つの活動案で話し合うことにした。

・「やりたい」を表明する。

　この段階では、今までやったことのない「世にも奇妙な物語」と、男女で助け合って楽しい「男女救出ケイドロ」に賛成意見が集まった。休み時間が減ってしまうかもしれない「ビートチャレンジウィーク」に賛成する子は少なかった。

・「違い」を明確にする。

　3つの中で「ビートチャレンジウィーク」のみ、違いが明確である。他の2つは特定の活動の中で男女の距離を縮める意識を高めようとするものだが、「ビートチャレンジウィーク」は、1週間毎日取り組むものだ。当初賛成が少なかったが、良さの違いを整理した後にこんなことを言ってくれた子がいた。

「たった1回の活動で意識して、そのときはできてもその後の普段の生活につながらない人もいる。だから1週間続けてみたい。壁ってそんなに簡単になくなるものじゃないから」

　私も思わず唸った。そして、休み時間が少なくなるかもしれないのに、これに賛同して合意形成に向かえたこのクラスを誇りに思った。

活動後の振り返り

Keep
男女の距離がかなり縮まって、普段の関わりもとても増えた。
流星群に近付いた。

Potential
切り替えが遅くて、廊下に出るのがいつも遅い人もいた。
みんなで切り替えを早くしたい。

7月（第3回）

学級の様子と担任の関わり

　プロジェクト型学級会を重ねていくと、ともすれば「いつもお楽しみ会をしているだけでは？」と誤解されかねない。全くそんなことはないということを、第3回の実践でお分かりいただけたことと思う。クラスの Potential を強みに変えたいと本気で思えたときには、「学級集会」という単発の活動にとらわれず、より日常に近い活動をやりたくなることがある。

　結果、クラスは大きく変化した。当たり前だ。毎日廊下で男女がキャッキャッと手を合わせているのだから。1週間で終わったが、薄くなった男女の壁が、学級生活のあらゆる場面で良い影響をもたらせたのは言うまでもない。

第4回 学級会

議題

ズバッと切り替え ○○さん歓迎会

> 2学期の頭に転入生が来ることになった。第3回からつないだPotentialを、「歓迎会をしたい」という思いに重ねて議題化した。

流星群
一人一人が自分らしい個性を大切にしながら、クラス全体としても流星群のようにキラキラ輝けるように

子どもの願い

みんなで楽しい時間を過ごすと、
切り替えに時間がかかってしまうことがある。
一人ひとりがリーダーシップを発揮して
○○さんの歓迎会を成功させることを通して、
切り替えのスピードを速くしていきたい。

話し合いのめあて

時間を意識して話し合おう。

活動案

ようこそ共通点

1. 「好きなおにぎりの具」「見るのが好きなスポーツ」「好きなアニメ」「習い事」「兄弟」「ペット」などのお題カードを用意する。
2. 鬼がお題カードを大声で言ったら、同じ答えの人で集まる（1人でも10人でもいい）。

9月（第4回）

ベンツドッジ

―ルール―

1. ABCの3チームに分かれる。
2. 通常時はA⇒B、B⇒C、C⇒Aをねらう。
3. 外野の区切りは特にないが、内野と同じチームをねらい、当てたら内野に戻る。
4. 「ベンツが来たぞ」と言われるたびに、ねらう相手が逆になる。
5. 「嵐が来たぞ」と言われたらボールが2個に増え、両サイドどちらをねらってもよくなる。

ウエルカムミニゲームフェス

1. クラスを3グループに分ける。
2. 「箱の中身はなんだろな」「借り物競争」「名前ビンゴ」を1グループずつ担当して、準備や進行をする。
3. 各ゲームを10分間でできるように工夫して協力する。

学級会の様子

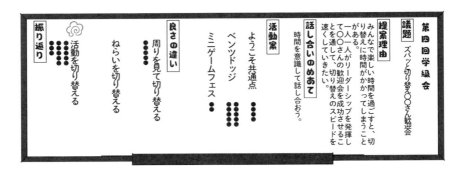

- 「やりたい」を表明する。

この段階では、圧倒的にベンツドッジに賛成が集中した。ルールを見ていただければ分かるように、シンプルにものすごく楽しそうだ。今すぐやりたくなる。だが、良さの違いを整理すると、全く違う意見で合意形成に向かうから面白い。

- 「違い」を明確にする。

「やりたい」の表明段階で大人気だった「ベンツドッジ」だが、違いを整理していくと、その活動をやったときの自分たちがその後、その成果をクラスの日常生活に適用する場面が全くイメージできなかった。これは、「切り替え」という言葉で工夫されたルールに、「どんな切り替えがクラスに必要なのか」という視点が抜けていた事例だ。当然、クラスで必要なのは「場面を切り替えること」なので、今回はあっさりと合意形成に向かうことができた。

なお、「ベンツドッジ」はあまりにも楽しそうな活動だったため、児童が主体的に呼びかけ、休み時間に実現して大盛り上がりだった。そう、楽しいだけの活動なら、いつでもできるのだ。

ちなみに今回は、転入生の歓迎会も兼ねて実施した学級集会なので、児童の発意で飾り付けや歓迎の言葉なども行った。

活動後の振り返り

Keep
3つのミニゲームとも上手に進行していて、全員がリーダーシップを果たせていた。

Potential
自分が担当する活動のリーダーシップは果たせていたが、他の人が進行するときにフォロワーシップが足りなかったので改善したい。

学級の様子と担任の関わり

　30分で3つのミニゲームを次々と実現するのは、なかなか難しいチャレンジだ。しかし、だからこそ、子どもたちはPotentialを強みに変えていくチャンスだと捉えて、頑張ってリーダーシップを発揮した。全員が3つのうちのどれか1つのミニゲームを任されているので、普段控えめな子もSゾーンへ挑戦して、リーダーシップを発揮していた。

　一方で、自分が担当するミニゲーム以外の時間に、「協力しよう」という気持ちが足りず、Potentialであった「切り替え」が今一つできなかった。そこで、子どもたちは大切な気付きを得た。リーダーシップを果たせるようになったからこそ、今足りないのはフォロワーシップなのだと。

活動案

お題ドッジボール
―ルール―

1. 2チームに分かれてドッジボールをする。
2. 「おにぎりの具」のようなお題を決める。
3. 投げるときに、「シャケ―！！」のように言って投げる。
4. アウトになったら、外野にいる3人にお題についての好きなものを一対一で言い合うと、生き返る。
5. 元外野はいない。

Yes/Noで誰でしょう
―ルール―

1. クラスを3つのチームに分ける。
2. 有名人やアニメキャラの書かれた付箋を、本人が分からないようにおでこに全員貼る。（各チーム同じラインナップ）
3. チーム内で、「Yes」か「No」だけでできる質問をし合い、自分の付箋の名前を当てる。
4. 最初に全員クリアしたチームが勝ち。

役割ポイント制ドッジ
―ルール―

1. 2チームに分かれてドッジボールをする。
2. チーム内で次の「隠しポイント」をもらえる人をこっそり決める。
3. 「キャッチ1点」「当てたら1点」「パスしたら1点」「大きな声で盛り上げたら1点」。
4. 通常の外野制ドッジをするが、「隠しポイント」をもらえるのは内野にいる場合のみ。
5. 先生が密かにポイントを計算して、ポイントで勝敗を決める。

学級会の様子

（板書内容）
第五回学級会
議題　山登りコンプリート

提案理由
五年一組は、頭一つ抜けた一流星群になるように、誰もが「山登りリーダーシップ」の役割を果たせるよう、「山登りリーダーシップ」をコンプリートしていて周りが輝くようになりたい。そして、「先頭」と「フォロワー」の活動でコンプリートできる。

話し合いのめあて
時間を意識して話し合おう。

活動案
役割ポイント制ドッジ
Yes/Noで誰でしょう
お題ドッジボール

良さの違い
・見えない役割で難しい
・見えない役割で簡単
・見える役割がある

振り返り
・見える役割がある

・「やりたい」を表明する。

この段階では、かなり均等に近い形で賛成意見が分散した。

・「違い」を明確にする。

まず、「山登りリーダーシップ論」にある役割は本来は見えないものであるが、それを見えるようにしたのが「役割ポイント制ドッジ」だということがハッキリした。役割を決めて果たしていくことを大切にする活動が「役割ポイント制ドッジ」だ。

「お題ドッジボール」と「Yes/Noで誰でしょう」に、見える役割はない。「見える役割がある」のと「見える役割がない」のとに分類できた。次は、見える役割がない「お題ドッジボール」と「Yes/Noで誰でしょう」の違いだ。これについて子どもたちは、チャレンジレベルの違いを指摘した。「Yes/Noで誰でしょう」は、チーム全員で協力して同じ場にいるから、気持ちが一つになりやすい。その一方、「お題ドッジボール」はワードを言って投げるのも難しいし、外野で伝え合うのもテキトーになりそうで、<u>活動を成立させるのが難しい</u>。

ときは10月。子どもたちが難しい活動にあえてチャレンジする機運は高まっていた。第1回でチャレンジレベルの低い活動を選んだ子どもたちが高い活動を選択したことに、心の中でガッツポーズをした。

活動後の振り返り

Keep
途中で活動を止めてルールを再確認してくれる人がいたから、複雑なルールでも協力して楽しむことができた。

Potential
何か気になったことや不満が残りそうな問題があったときには、その場ですぐに解決できるようになりたい。

学級の様子と担任の関わり

この回は、私も心を打たれた印象的な学級集会になった。まず始める前に、私から宣言をした。「今回は、あなたたちがフォロワーシップを果たして山登りをコンプリートすることが目的なのだから、活動中に私は何も言いません。何が起きても自分たちで解決しましょう」。

ドッジボールが始まると、案の定ワードを言わずにボールを投げる子が続いた。そこである子が活動を中断して、「ちょっと待って。ルールを確認しよう」と言って全員で確認して、リスタートしたのだ。分かるだろうか。第2回で私がやった役割が見事に移譲された瞬間だ。このように子どもが集団の中で育っている実感こそ、学級経営の醍醐味だ。

第6回 学級会

議題

その場で解決スマイル流星群
～1年生とハロウィン～

> 6年生の進級に向けて1年生との遊びを計画したいという意欲と、ハロウィンにちなんだことがしたいという提案で決まった。

流星群
一人一人が自分らしい個性を大切にしながら、クラス全体としても流星群のようにキラキラ輝けるように

子どもの願い

何か気になったことや
不満が残りそうな問題があったときには、
その場ですぐに解決できるようになりたい。
そのために1年生をお客さんとして、
小さな問題がたくさん起こりそうな
ハロウィンパーティでも協力して成功させたい。

話し合いのめあて

1年生を楽しませるという
最上級生になる意識を高くもって、話し合おう。

活動案

　今回は特定の1つの活動ではなく、ハロウィンパーティというパッケージを提案することになる。そこで、まず個別の活動（店）を各自で考えた上で、それをパッケージ化して絞ったのが下の2つだ。

ハロウィン祭り
―ルー―

1. クラスを3グループに分け、「ペットボトルボーリング」「わりばし鉄砲射的」「輪投げ」の出店を準備する。
2. 1年生はお客さんとして、自由に楽しんでもらう。

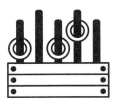

ハロウィンアドベンチャー
―ルー―

1. クラスを「マシュマロリバー」と「グランドキャニオン」の2つに分ける。
2. それぞれ前半後半に分けて「お店屋さん」の時間、「1年生と一緒にお客さん」の時間を交代して担当する。

学級会の様子

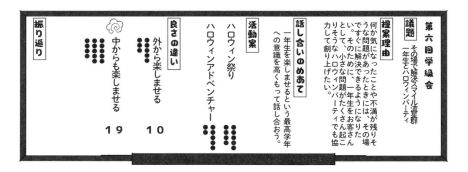

・「やりたい」を表明する。

　この段階では「1年生をいかに楽しませるか」という意識で、どちらに対しても賛成意見が続いた。

・「違い」を明確にする。

　今回は2案だったので、違いは明確になりやすかった。前ページの活動案を見ていただければわかるように、「ハロウィン祭り」での5年生の役割は、あくまで「お店屋さん側」である。一方で「ハロウィンアドベンチャー」は、前半後半でお店屋さん役とお客さん役が入れ替わる。そこで子どもたちは、「外から1年生を楽しませるために出てくる問題をその場で解決すること」を大事にするか、「中からも1年生を楽しませるために出てくる問題をその場で解決すること」を大事にするかについて議論した。

　もちろん、どちらも大切なチャレンジである。決め手を欠いたまま議論が進んだが、実はこのときは、5年生で行く宿泊行事の3週間前だった。1年生とのハロウィンパーティは約1週間後。そこに目を付けて、「移動教室でも様々な問題が起こると思う。そのときに全員が主体者になって解決していくためにも、中からも解決していける5年1組になりたい」と発言した子がいた。クラスの過去だけでなく、未来への具体的な希望を語る姿に心を打たれた瞬間だった。

活動後の振り返り

Keep
全員で協力して小さな問題を解決しながら、誰も不満を残さずに1年生を楽しませることができた。

Potential
自然とどのリーダーシップも果たせるクラスになってきたので、もっと全員が活躍できるようになりたい。

学級の様子と担任の関わり

「1年生を楽しませる」という、初めて自分たちのクラス以外に相手意識をもった学級会であり、学級集会だった。これが大成功！「自分たちのクラスをよくしたい」という思いは、6年生になれば「自分たちの学校をよくしたい」という思いになる。そして、やがては「自分たちの社会をよくしたい」と思える大人へと成長してほしいのだ。そのステップアップが児童の発意・発想から生まれてきたことが良かった。

「ハロウィンアドベンチャー」は、誰もが大満足して終わった。うまくいきすぎて、課題は出てきづらい。しかし、Potential なら出せる。「さらに伸ばしたいのは？」「次のステップは？」と引き出していくのである。

第7回 学級会

議題

全員活躍クリスマスフェス

ハロウィンに続き、クリスマスにちなんだことがしたいという提案で決まった。

流星群
一人一人が自分らしい個性を大切にしながら、クラス全体としても流星群のようにキラキラ輝けるように

子どもの願い

4か月後に最上級生として自信をもって
下級生を引っ張っていく自分たちになるためにも、
もっと全員が活躍できるように意識し合える
クラスになりたい。

話し合いのめあて

学級会中でも
全員が活躍することを意識しよう

活動案

プレゼント探しケイドロ
—ルール—

1. 折り紙でプレゼントをたくさん作る。
2. 警察はプレゼントを体育館にたくさん隠す。
3. 泥棒は捕まったら牢屋に入る。
4. 捕まっていない泥棒は、プレゼントを探す。
5. プレゼントを見つけ、牢屋に投げ入れることができたら、牢屋でそれを取った人は復活する。

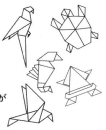

サンタ＆トナカイを守れ
—ルール—

1. ルールは通常の外野ドッジと同じ。
2. 元外野の人数は自由。
3. 相手コートにあるサンタコーンとトナカイコーンをどちらも倒したら勝ち。
4. 自陣のコーンに触れたり、直したりできない。
5. 一度外野に出たら、元外野以外は戻れない。
6. コーンを置く台の位置は自由。

12月〈第7回〉

バレーリレーバスケ
—ルール—

1. 全員で1つのソフトバレーボールを使う。
2. コートの端からスタートする。
3. 全員でソフトバレーボールをトスしながら落とさずに運び、最後にバスケットゴールに入れられたら成功。
4. 一人何度ボールに触ってもいいが、ゴールするまでに全員が一度は触らないといけない。触ったらサンタ帽子を脱ぐ。

学級会の様子

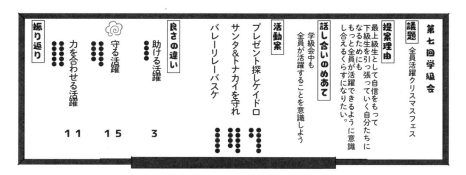

・「やりたい」を表明する。

　この頃になると、もはや出てくる活動案がどれも楽しそうで、どれもやりたい。優劣が付かない。だからこそ「違い」を明確にして、土俵を変えて話し合うことが大切になる。

・「違い」を明確にする。

　今回は違いを明確にしてキーワード化することも、司会グループを中心にして子どもたちで行った。「活躍」の種類が違うだろうということで論点が出た。しかし、難しい。「助ける」も「守る」も「力を合わせる」のどれも、同じように大切だ。そこで、唸るように頭を抱える子どもたちに助言することにした。

「もっと活躍してほしいなあと思う人が5年1組にいるはずなんだよね。その人自身が活躍できたと感じられて、周りのみんなもそれを喜べるのは、どの活躍だろう」。

　すると、「力を合わせて一体感を味わいたい」という意見と、「殻を破って守ってほしい」という意見とに二分された。最終的には多数決で、「守る活躍」が見られるであろう「サンタ&トナカイを守れ」に決まった。「あの子」がコーンを守っている具体的な姿が目に浮かんだのだろう。こういうのがいい！

活動後の振り返り

Keep
まさに全員が活躍していた。意外な人の一面を見ることができて興奮した。みんな5年1組が大好きなのだと思った。

Potential
今回勇気を出して活躍してくれた人のように、普段無意識に果たしているリーダーシップとは違う「見えない役割」を果たせるようにしたい。

学級の様子と担任の関わり

　まず、このドッジボールは最高に楽しかった。あまりにもすばらしいルールだったので、次の年の第0回学級会でも私が紹介したほどだ。「子どもが学級会で考えたルールなんだよ！」と。すると、自分たちの学級会への意欲付けにもなった。

　このクラスでは、学級会の時点で「自分の活躍を期待されているのだな」と、普段目立たない子が自覚をしていた。プレッシャーなんかではなく、心地よい信頼の中で。

　だからこそ、だんだんと内野が減って、「逃げるのが上手な子」が残った中、サンタ＆トナカイを守るために誇らしく体を張る姿に全員が感動した。もはや勝敗なんかどうでもいいくらいに盛り上がった。

12月（第7回）

第8回 学級会

議題

リーダー&フォロワーサイクル

子どもの願い

普段の学級生活では、
無意識に「見えない役割」が固定化されている。
最上級生進級に向けて、いつも自然に果たす役割とは
逆の役割にあえて挑戦して、「流星群」として輝きたい。

話し合いのめあて

学級会中も
いつもと逆の立場を意識しよう。

活動案

協力宝探し
―ルール―
1. 担当が体育館に隠した宝を探す。
2. 4人チームでジャンケン列車のように組んで移動する。
3. 最後尾の人がリーダーになり、30秒ごとに並び順を変えて宝を探す。
4. リーダーは行きたい所に行けて、他の人はフォローに徹する。

バレバレ王様ドッジ
―ルール―
1. 2チームに分かれてドッジボールをする
2. チーム内で「王様」「お姫様」「王子様」を決めて、赤帽子をかぶる（男女は問わない）。
3. 一度外野に出たら、元外野以外は戻れない。
4. 王様は3回当たるまで続けられる。
5. お姫様は、途中で外野から内野に戻す人を3人まで指定できる。
6. 王様、お姫様、王子様の3人が外野に出たら負け。

新聞紙タワー
―ルール―
1. 6チームに分けて行う。
2. 新聞紙とセロハンテープだけを使って、制限時間内にできるだけ高いタワーを作る。

学級会の様子

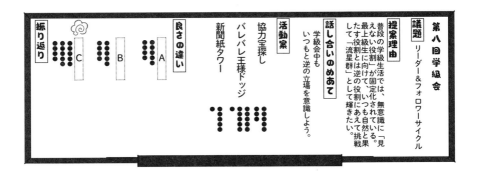

　さて、上の板書図の「良さの違い」の欄をあえて A・B・C とさせていただいた。せっかくなので、先を読む前にワーク的に考えていただけないだろうか。なぜなら、この方法で学級会を行う場合は、このシーンでの教師の助言が最も重要になるからだ。そして、これまで7回分の学級会の「違い」をお読みいただけたのなら、第8回の3つの活動案の違いも見出せると思うのだが、いかがだろうか？

・「違い」を明確にする。

　当時の子どもたちは、このように良さの違いを整理した。

「協力宝探し」…全役割を順番に回す。

「バレバレ王様ドッジ」…役割を固定。

「新聞紙タワー」…役割がない。

　もちろん、これだけが正解ではない。しかし、このときの子どもたちの違いの整理を「見事」だと私は感じた。

　その上で、4月から学級会をつないできたこのクラスには、「役割が決められていない中で、それを意識して挑戦することに意味がある」という価値を誰もが大切にできる土壌が整っていた。「見える役割」がない中で、今回はいつもと逆の「見えない役割」を意識的に果たしながら、新聞紙で高いタワーを作っていく光景が目に浮かんだのだろう。

活動後の振り返り

Keep
役割を決めなくても意識的にリーダーシップとフォロワーシップを果たして、楽しい時間を創ることができた。

Potential
学級の解散に向けてお互いの存在を改めて大切にできる時間を過ごして、感謝と喜びを分かち合いたい。

学級の様子と担任の関わり

「新聞紙タワー」が大いに盛り上がったことを、きっと想像していただけたことと思う。これはより高いタワーを作ることが目的ではない。これまでリーダー的な役割を担うことの多かった子がフォロワーを経験することで、「支える」ことの大切さを実感する。そして、リーダー的な役割を担うことのなかった子は、フォロワーがいてくれたら安心してリーダーもできると実感する。だから私は子どもたちにこう語ることができる。

「Pゾーン」に挑戦する必要はないのだけど、自分にとって「Pゾーン」と分かっていても踏み出そうと思える時がある。それは、一緒に踏み出せる「Cゾーン」の仲間がいるときだよ。きっとそれを感じたことでしょう。

第9回 学級会

議題

5年1組 解散式

流星群
一人一人が自分らしい個性を大切にしながら、クラス全体としても流星群のようにキラキラ輝けるように

子どもの願い

お互いの存在を
改めて大切にできる時間を過ごして、
感謝と喜びを分かち合いたい。
最高の仲間と最高の笑顔で最後の日を過ごしたい。

話し合いのめあて

1年間を振り返りながら話し合おう。

活動案

面白エピソード交換
―ルール―
1. この1年間で一番面白かったエピソードを手紙に書いて、封筒に入れる。
2. 封筒をシャッフルして、椅子の裏に貼る。
3. 5年1組の思い出に関わるテーマで「何でもバスケット」をする。
4. 椅子に座れなかった人は、元いた椅子の裏にあったエピソードを紹介する。

笑ってはいけない
―ルール―
1. 一人一人みんなの前で面白いことをする。もしくは事前に選んでおいた面白い動画を再生する。
2. 見ているときはリコーダーを口にして、音が鳴ったら、脱落ゾーンに行く。
3. 脱落ゾーンでは、思い切り声を出して笑ってもよい。

　最終回の事前アンケートでは、他の活動案に比べてこの2案が極端に支持されていたので、子どもたちに相談して2案で学級会をすることにした。そして、結論から言うと、最終回は「笑ってはいけない」に決まった。きっと意外に思う読者の方もいると思う。子どもたちは最後の最後に何を大切にしたのか、想像しながら続きを読んでいただきたい。

学級会の様子

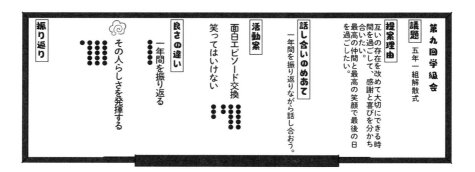

- 「やりたい」を表明する。

　この段階では、「面白エピソード交換」が優勢な状況で学級会が進んでいった。1年間を振り返って思い出を共有して解散したいという理由がほとんどだった。私もきっとこのまま決まっていくのだろうと思いながら見ていた。しかし次の段階で、真逆の結論へと一気に進んだ。

- 「違い」を明確にする。

　すでに賛成の理由でたくさん出ていたように、「面白エピソード交換」には「1年間を振り返れる」「楽しさを思い出せる」という良さがある。一方で「笑ってはいけない」の良さは何か。この活動を発案した子たちは、単純に「楽しそう」とか「Youtubeで見てすごく面白かった」とか「最後は思い切り笑いたい」とかという、その程度の思いだった。しかし、この活動の良さを考えると、かなりの「Sゾーン」であることが分かる。全員が順番に前に出て面白いことをするのだ。面白い動画を選んで再生するだけだとしても、「すべったらどうしよう」というのは、「Pゾーン」に近い心理である。

　しかし、だからこそ賛成が集中して合意形成に向かった。今さらこのクラスでは、「Cゾーン」で何かをしようなどとは考えない。「Pゾーン」であってもこのクラスなら大丈夫。最後まで挑戦して最高の解散式にしようという気概に溢れて、この年最後の学級会は幕を閉じた。

学級の様子と担任の関わり

　学級経営が充実し、とてもよい年度末を迎えられるとき、感動的な最終日を迎えたいな…なんてつい私は思ってしまうのだが、これは担任のエゴでしかない。

　子どもたちは笑顔に囲まれて、思い切り笑顔でいたいのだと思う。自分のことを受容できるから他人を受容することもできる。自分のことを受容できるかどうかは、周りの人に受容されているかにかかっているわけだが、それは周りの人が笑顔でいるかどうかが大きく関わっている。私は子どもたちから、そんな大切なことを教えてもらえた。

　そして、担任として過ごした最終日。子どもたちに心から感謝した。最後の最後まで笑顔でいさせてくれて、ありがとう。

生井学級の教室背面掲示

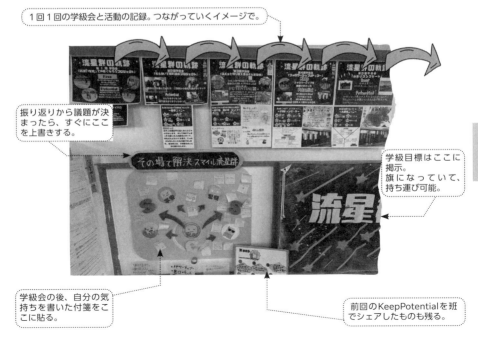

議題箱の代わりに

　オーソドックスな学級会のスタイルでは、議題箱（ポスト）を教室に設置して、児童自らが「学級生活の諸問題」に気付き、議題提案カードを入れるのが望ましいとされている。

　本書で提案している「プロジェクト型学級会」では、1つの学級会の一連のサイクルの終わりがそのまま次の学級会へとつながっていくので、議題箱は不要だ。「諸問題」は学級集会や実践の中で発見される。これにより、計画委員が議題を選定する時間を確保する必要がなくなるとともに、議題箱に議題が入らないから学級会をしないという状態も起こらない。

　だが、実のねらいはもっと深い。「学級生活の諸問題」となると、子どもたちは普段迷惑だと思っていたり、不満を抱えていたりすること、つまりネガティブな問題点を探す。子どもたちの主張がぶつかり合うときには、大人のそれがそうであるように、多くの場合はどちらも正義の旗を掲げている。だからこそ、学級生活の超具体を取り上げて改善を目指すのではなく、学級集会という非日常の体験で「Potential」＝「諸問題」を表出させたいのだ。

　もちろん、転入生が来た、転出する子がいるなどといった大きな変化があるときや、ハロウィンやクリスマスなどで学級生活に彩りを添えたいときなどは、第4回、第6回、第7回学級会がそうであったように、Potential を交わらせていけばよい。

第 3 章

学級経営の根

仲間になる
実感を育む
学級経営×学級会

理想と現実のはざまで
「子どもに任せる」がうまくいかないあなたへ

　学びも生活もできるだけ子どもに任せ、子どもたち同士の豊かな関わりの中で主体的に成長を重ねていける集団経営をしたい…多くの先生がそんな理想を思い描くのではないだろうか。しかし、そんな理想と現実のはざまでもがき、思うようにいかない日々を送っている先生は少なくないだろう。その理想は間違ってはいない。アプローチも間違ってはいない。葛原祥太氏による「けテぶれ」など、多くの先行実践によって成功が示されたアプローチも数多くある。では、なぜうまくいかないのか。それは、理想と現実の「はざま」の解像度が低いからだと思う。自分の学級や担任としての指導方法が現在どの段階にあって、次にどの段階を目指すべきかということが曖昧なのだ。そう、あなたが思っているよりもこの「はざま」は広く、細分化できるのだから。

　この解像度を上げるために、「ティール組織」という組織論を学級に当てはめていきたい。「ティール組織」とは、フレデリック・ラルーが「Reinventing Organizations」で提唱した、5つの色で段階を示した組織論のことで、鈴木立哉が日本語訳した『ティール組織　マネジメントの常識を覆す次世代型組織の出現』(英治出版2018年)で学ぶことができる。ただしこの本、「立方体か！」とツッコミたくなるほど分厚い。いや立方体は言い過ぎた。お菓子のリッツの箱くらいだろうか。ただし、読み終わるまでにリッツを10箱以上消化する必要があるほど、長くて難解だ。そこで、私の尊敬する坂本良晶氏(Canva Education Senior Manager)の連載「みんなの教育技術」(小学館Web)「坂本良晶の『学校ゲームチェンジ論』」の「今日のあるべき学級観とは？『ティール組織』から得られるヒント」(2020.10.20)が、図解付きで大変分かりやすいので、ここにリンクを掲載させていただく。

　それでもまだこれを生かしきれなかった残念な著者が、著者自身のために整理したイメージを次ページで紹介する。

1	レッド フリーザ スタイル	とにかく無茶苦茶怖い、絶対的な存在の先生。子どもたちの行動の判断基準は「先生に怒られるか怒られないか」。怒ることで、子どもたちの規律を整える。
2	アンバー のび太の先生 スタイル	徹底的にルールで縛るスタイル。先生が決めた「良い子」のみが褒められる。ルールからはみ出した者にはレッテルを貼り、多様な価値や考え方、失敗を認めない。
3	オレンジ 明石家さんま （TV番組構成上）スタイル	熱血で一生懸命に子どもに尽くし、一人ひとりの良さを引き出す先生。楽しい行事や活発な一斉授業を先生が導く。成果を挙げれば、より活躍させてもらえるという実力主義。
4	グリーン モンキー・D・ルフィ スタイル	互いの凹凸を認め合い、長所を生かし合える集団。先生は子どもを導くのではなく、ファシリテートする役割。豊富なアイディアが生かされ、主体的かつ協働的に学ぶ。
5	ティール 安西先生 スタイル	一人ひとりが自分の強みを生かして自走する集団。学級のゴールと個人のゴールが一致しているので、全て自分の意思で決定して動く。先生の役割はコーチング。

　これを見ながら、自分の学級や担任としての立ち位置がどの段階にあるか、そして「はざま」についても考えてほしい。なぜなら、フリーザやのび太の先生が、突然安西先生になどなれないからだ。この階段、一段抜かしで上がることはできない。しかし、スピードを上げて駆け上がることはできる。私もかつて、「踊るさんま御殿」のような教室にドヤっていたときがある。そして思い出してほしい。あの仏の安西先生だってかつては「白髪鬼」として、厳しい指導で有名だったのだ。

　成果を急がず、「はざま」を1mmずつ埋めていこうじゃないか。

乗り越える強さを育む「稲作型学級経営」

子どもがクラスを創る鍵

　読者の皆さんは、高級な温室メロンの育て方を知っているだろうか。
　まず、蒸気や農薬で土壌を消毒する。ガラス張りの温室内ではメロンの苗を階段状に設置し、まんべんなく日光を浴びさせる。窓の開閉を行ったり、地面に敷設した温水パイプで温めたりするなどして、徹底した温度管理を行う。実が大きくなれば一つひとつの実の下に皿を敷いていく「皿敷き」を行い、外見をよくする。収穫後は産毛を除去するために洗い、乾燥させてから出荷する。そう、高級感満載の緩衝材に包んで。
　さて、あなたは子どもたちを、このメロン栽培のようにして育てたいと思うだろうか。私は今の日本の教育は、まるでガラス張りの温室で高級メロンを育てているようだと思うことがある。
　保護者からの意見や批判を恐れるあまりにトラブルを起こさせない学級経営、細かなルールで縛る生徒指導、座れない子を「特性」という名で排除する一斉指導授業…。空調によって快適な教室という名のハウスで大事に大事に6年間かけて育て上げ、卒業証書を渡す。
　「置かれた場所で咲きなさい」と言われるが、これではまるで、ガラス張りの温室で根や茎や葉を広げたメロンを、突然コンクリートの上に放置するようなものだ。社会はそんなに甘くない。転ばぬ先の杖を用意され続けた子がコンクリートに根を広げ、自分にしか咲かせられない美しい花を咲かせることなどできるわけがない。失敗の乗り越え方を知らないのだから。
　若い頃、5年生の社会科の教材研究をしているとき、稲作農家の水田の管理方法の工夫に出合い、「これこそが私の求める学級経営だ！」と思った。きっ

と今でも、各社教科書にも載っていることだろう。

　稲と言えば水田。細長い緑の葉が水面に美しく反射している様子を想像することと思うが、左下の図を見てほしい。これは、苗を田に移植してから収穫するまでの水の深さを表している。深くて5cmある水が、なくなったり深くなったりを繰り返していることが分かる。さらに注目すべきは「中干し」だ。この期間は、田に水を全く入れない。「中干し」の目的は様々あるが、その中には「あえて水を抜くことで根にストレスを与え、より強くする」という働きがあるそうだ。そう、稲を甘やかさず、ストレスの乗り越え方を教えていくのだ。

　私がここで提案する「稲作型」学級経営は、「失敗やトラブルを経験させることを恐れず、それを乗り越える力を養う」というマインドセットだ。

　心理学者のタックマンが提唱した「タックマンモデル」というものがある。チームが機能する（成果が出せる状態になる）までを4つの段階に分けたフレームワークのことである。時間の経過とともに、チームに起こる変化やパフォーマンスの状態を、それぞれの成長過程ごとに示したものだ。

　「形成期」とはメンバーが集まったばかりで、お互いのことや何をするのかがよくわかっていない段階。基本的にメンバーは指示待ちで、言われた通りに行動する。子どもを「お客様扱い」する教育だと言える。

　メンバーの個性や持ち味をお互いが受け入れ、お互いを活かし合うようになる「規範期」、チームに結束力と一体感が生まれ、お互いにサポートしながら自発的に動ける「機能期」を目指すのであれば、対立や衝突が起こる「混乱期」を経る必要がある。

　これこそまさに、「中干し」である。「子どもに任せる」ことを目指すのであれば、教師は混乱を避けてはいけない。どんなに有能な担任の学級経営でも、学級のパフォーマンスが時間と比例して一直線に上がることはない。「混乱期」＝「中干し期」だと分かっていれば焦る必要はなく、乗り越えさせるための知恵とエネルギーが湧いてくるはずだ。

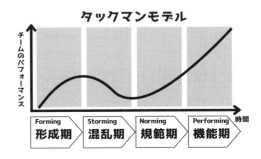

組織の条件整備 ①

「人の集まり」を「集団」へ

ここからは、いよいよ集団を創るための具体的な手だてについて記していく。私が目指したい学級像は12-15ページで述べた。そして、「仲間」になる過程も3段階で説明した。ここでは、まず「人の集まり」がどうしたら「集団」へと変容していくかについて述べる。

すでに述べたように、ただの「人の集まり」が、自然と「集団」や「組織」として機能するようになることはない。「人の集まり」を「集団」にするためには、担任がその条件を整備しなければならない。「いやでも、特に意識したことなんてないけど、何となくいい集団になるけどなあ…」と思う読者の方もいるかもしれない。そういうこともあるだろう。「条件を整備している」という意識がなくても、自分が子どもの頃の体験や、先輩教員に「こうするといいよ」と教えてもらったことに含まれていることが多いからだ。だからこそ担任としての責任で、意図的・計画的に行いたいものだ。「条件整備」という意識があるからこそ、上手くいかないと感じたときには修正できるのだから。

私は、ただの人の集まりを組織化していくプロセスについて、玉川アドベンチャープログラム(TAP)の川本和孝先生にC.バーナード(1938 = 1968)の「組織の三要素」を教わった。これが見事に学級経営で大切にすべきことに当てはまると実感するので、小学校教員の立場から紹介させていただく。

組織の条件を整備するための要件は右上の3つだ。学級経営という視点で考えたとき、それぞれの言葉がどのような教育活動に当てはまるのかを少し

考えてみてほしい。

　もちろん、様々な活動に当てはまるが、私が「組織の条件整備」として特に重視しているのは以下の活動だ。

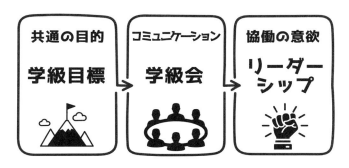

　学級目標と学級会については、この後詳しく述べていく。「リーダーシップ」は、22・23ページで説明した「山登りリーダーシップ論」であり、「見えない役割」のことだ。「見えない」からこそ、そこに「意思」が働く。そして「見えない」からこそ、お互いに目を向けられるよう、担任が価値付けていく。これらの条件整備によって「人の集まり」は「所属感」を得て、「仲間意識」の根が伸びていくのだ。

組織の条件整備 ②

学級目標は必要か論争に終止符を

突然だが、ここで4つの質問をさせてほしい。

1. あなたの学級には、これまで学級目標がありましたか？
2. 学級目標を学級経営に生かせたと思いますか？
3. 昨年度、一昨年度の学級目標を思い出せますか？
4. 今のクラスの子どもたちに突然「学級目標は？」と尋ねたら、全員が答えられますか？

おそらく、この4つの質問の「Yes率」は、下にいくほど下がっていくだろう。そのために、時々論戦が行われる。

学級目標必要派　VS　学級目標不要派

大いに議論してくださって構わないが、論点が噛み合っていないと思えることがよくある。結局のところ、次のようなことではないだろうか？

学級目標を生かせる人　VS　学級目標を生かせない人

そもそも、「組織の三要素」の1つには「共通の目的」がある。目的のない集団が「仲間」になどなれるのだろうか。流川楓は「全国制覇」という目的を、大嫌いな桜木花道とも共有していたからこそ、最も大事な局面でパスを選択したのだ。このように、クラスに共通の目的は必要だ。

誤解のないように言っておくと、私が勝手に「学級目標を生かせない人」と失礼にもカテゴライズした人の中には、「学級目標以外（以上）の方法で、共通の目的をもたせることのできる人」も含まれている。

だから、この議論は終着しない。「学級目標」という形にこだわらなくてもよいが、クラス全員にとっての「共通の目的」はあった方が絶対に良い。

よし、「学級目標は必要か論争」に終止符を打とう。

その上で私は、学級目標を大切にしている。学級目標を決めること以上に、日々の学級生活の中で「共通の目的」を意識化させることが、私にとっては難しいからだ。

学級目標を子どもと創っていく前に、整理したいことがある。それは、「学級目標」と「学級指導目標」を区別して考えるということだ。

学級指導目標
教師の教師による児童のための目標
いわゆる学級経営方針。担任として、このクラスをどんな集団に育てていくかという経営方針。担任が自己の指導を振り返ったり、改善したり、次年度に生かしたり、具現化のために研鑽したりするためのもの。学校目標や学校経営方針に沿って考える。

学級目標
児童の児童による児童のための目標
児童にとっての「こんなクラスにしたい」という願いを言語化(シンボル化)したもの。子どもの願いの発露であるため、4月当初に決めるのは難しい。とにかくシンプルで覚えやすく愛着がもてるものがよい。

どちらか一方が必要だということではない。どちらも必要なのだ。ただ、区別した方が良いということを強く訴えたい。昔ながら(失礼)の学級目標を大切にされている方は、学級目標が学級指導目標と同一のものになっていることが多い。学校目標が「知・徳・体」の3項目だから、学年目標も同じように3項目で、それを受けて3項目で設定するのが学級目標だという考え方だ。もしこれで、先の私の4つの質問に全て「Yes」と答えられるとしたら、本当にすごいと思う。尊敬しかない。

しかし、私には無理だ。まず、4つ目が無理だ。3文も子どもたち全員が覚えるなんて厳しい。まず、私が覚えられる自信がない。毎日朝の会で唱えればいいのかもしれないが、押し付けがましくてできればしたくない。

だから私は、きっぱりと切り分けて考えている。子どもたちと考えて教室に掲示して、一年間大切にしたり、学級会で合意形成の拠り所にしたりしていくのは「学級指導目標」ではなく、「学級目標」の方だ。子どもたち自身の「願い100%」の言葉で決めていきたい。具体的な創り方については、第2章の「第X回学級会」で紹介したので、参考にしてほしい。

学級会の意義

アップデートせよ

　成績も付け終わり、教科書の内容をおおよそ済ますことができた7月中旬。時間割的にも余裕のできた学期末。子どもたちからは、

「お楽しみ会しないんですか？」の声。

　そうだ。学期末と言えばお楽しみ会だ。さて、明日は学級会。みんなワクワクしている。
　ところが、学級会は大荒れ。ドッジボールをしたい子と鬼遊びをしたい子の意見が真っ二つに分かれ、やむを得ず多数決。そして、思い通りの結果にならなかった子による、とどめの一撃…。

「その日休んでやる」

　こんな悲しい経験はないだろうか。私にはある。別の年には、学級会で気持ちよく折り合いをつけて集団決定でき、胸を撫でおろしたのも束の間、実際のお楽しみ会では、喧嘩が勃発して「お悲しみ会」になったことまである。それでも、不思議なことに次の学期末には、再び子どもたちは言うのだ。

「お楽しみ会しないんですか？」と。

　さて、そもそも学級会って、何のために行うのだろうか。将来社会に出て、大きな仕事の後に行う打ち上げ、期末の慰労会や忘年会、歓送迎会を上手に運営するための資質能力を育むために行うのだろうか。そんなはずはない。

　しかし、あまりにも多いように思う。この「打ち上げ」的な学級会の実践が。確かに「1学期頑張ったから」とか「転

入生が来るから」というように、楽しいことをするための大義名分は立つ。一方で、「ドッジボールがいいか」「鬼遊びがいいか」を決める拠り所にはならない。子どもたちは自分がやりたい遊びをやるために必死だ。だから「それっぽい理屈」をこね、なぜドッジボールがいいのかを一生懸命に説得しようとする。もっと言えば、敵対する案を蹴落とそうとする。しかし拠り所のない議論は決め手を欠いたまま空転し、やがては対立の溝を深くする。

　このような学級会は、私が小学生だった30年以上前からアップデートされていないように思う。理由は明白だ。

　　・教科書も指導書もない。
　　・時間もない。
　　・研究授業がない。
　　・誰かに見てもらうこともない。
　　・先輩もよく分かっていない。

　…と学級会はまさに、「ないない尽くし」なのである。

　本書でこれから紹介する実践は、古くから特別活動を研究してこられた偉大な先輩方の実践や理念を学び、尊敬や憧れを抱く中で、目の前の子どもたちを伸ばそうと試行錯誤しながら研ぎ澄ませた、私の実感の全てだ。特別活動の原理・原則を大切に守っていらっしゃる方にとっては、「あり得ない」と一蹴する部分もあるだろう。しかし、「成すことによって学ぶ」特別活動。我々教員自身が、「これで子どもが育つ！！」と思えた実践を重ねることこそが学級会の質を高め、ワクワクする教室を創るのだと、自信をもって執筆した。

　私が言いたいのは、「そこに愛はあるんか」ということだ。クラスへの愛、仲間への愛、少し苦手なあの子への愛、特性のあるあの子への愛…。これから提案する「プロジェクト型学級会」のシステムは、常にそのような愛に溢れている。

　そして、<u>学級会の積み重ねは、「学級経営」の根となり、教育活動の充実を支える。</u>

083

プロジェクト型学級会

「集団」を「仲間」へ

　「人の集まり」を「集団」に変容させるための条件整備については、すでに述べた。しかし、目指したくなるような学級のイメージを言葉にすると、「集団」や「組織」という言葉では足りない。何かそこには温度を感じない。やはり、私にとって「望ましい人間関係」を築いた先にある言葉は、「仲間」なのだ。

　ここで言う「仲間」とは、「仲良しこよし」とは違う。言葉を選ばずに言えば、「嫌い」でもいい。「嫌い」でも「仲間」にはなれるのだ。すでに紹介した漫画「スラムダンク」の桜木花道と流川楓の関係がまさにそれだろう。

　では、「集団」や「組織」にはなくて、「仲間」にあるものとは一体何だろうか。私は「実感」であると思う。「支えられている実感」「支えている実感」、そして「良いチームになれているという実感」だ。この実感があればこそ、嫌いな相手であっても苦手な相手であっても「仲間意識」が芽生える。その「実感」を生むことを目指したのが、本書で紹介する「プロジェクト型」学級会だ。

　こちらを見ていただきたい。「小学校学習指導要領（平成29年告示）解説　特

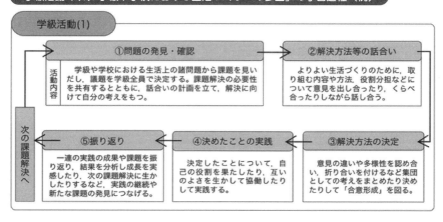

別活動編」（P.45）に例示されている、学級会に関わる一連のサイクルだ。

　注目してほしいのは、④「決めたことの実践」の次に⑤「振り返り」があり、「次の課題解決へ」とつながっていることだ。

　これは1回ずつの学級会が単発で終わるのではなく、つながっていくことを意味している。図の②③の「学級会」によって決まったことを④「実践」し、活動を⑤「振り返る」中で新たなクラスの①「問題を発見し確認する」。全ての学級会が「点」ではなく「線」としてつながって、一つの物語になっていくのだ。

　子どもたちの「こんなクラスになりたい」という願いの発露である「学級目標」が山の頂上にあり、全員でその景色を味わうために、1回ずつの学級会でクラスをパワーアップしていく。そして、上から見下ろせば、これまでの足跡がはっきりと見える。

　「10月にやった第5回学級会では、『お題ドッジボール』をしたことをきっかけに、普段からフォロワーシップを発揮し合えるクラスになったね」というように。1年間が一つの物語になり、どの子も語り手になれるのだ。

　では、なぜこの「物語」が「実感」を生み、「仲間」意識を醸成するのだろうか。スタンフォード大学のマーケティング及び心理学専門の教授、ジェニファー・アーカー氏の研究によると、ストーリーがあることで、事実や数値の羅列よりも最大で22倍記憶に残りやすいことが明らかにされている。「あの時、ああやって…」と学級会が「線」でつながることで、確かな記憶が「実感」につながっていく。

　さらに、ポール・ザック博士の実験「共感とオキシトシンの関係」によれば、「人は、よい物語や共感できるストーリーに触れると、オキシトシンはホルモンが増加する傾向にある」という。オキシトシンとは、別名「幸せホルモン」「愛情ホルモン」とも呼ばれる「信頼」「思いやり」「共感」のような「人と人とのつながりを強める」「愛着を形成する」働きがある。まさに「仲間」を得られた「実感」である。

　では、いよいよ次ページから、学級会の「点」を「線」でつなぐための具体的な方法について解説していく。

1 学級会開き

プロジェクト型学級会

「さあ、今日は学級会をするよ！」
「先生、学級会って何ですか？」
「えっ！」
「え？」

　残念ながら、このような会話を子どもと繰り広げたことがある。1年生の担任のときではない。高学年の担任をしてだ。ああ、そうか、「学級会」とは呼ばずに、別の名前を付けて話し合いをしてきたんだな…。とほんのり自分を励まして、もう一度聞く。

　「みんなで司会したり記録したりして話し合って、自分たちで決めた活動をすることはなかった？　お楽しみ会とか？」
（ポカーン）
「ないでーす」
「お楽しみ会はしたけど、先生が多数決で決めたよね」
「でもお楽しみ会は、ケンカして終わりました」
　これが現実なのだと、事態を重く受け止めた。
　これだけ、「主体的、対話的で深い学び」「個別最適な学び」「協働的な学び」「自己調整学習」など、一人ひとりが自立した学習者として学び続けることができるようにする教育が重視されている中にあって、1950年代からずっと守られてきた「学級会」が重視されることはない。教師が一方的に知識を伝達するような一問一答の授業スタイルを脱却して、主体的かつ協働的な授業を実現したいのなら、シンプルに「学級会」をすればよい。学級会はその土台を創る時間であると言っても過言ではないからだ。

　「学級会を始めるよ」と言って子どもたちが動き出せる4月

を迎えたいのが本音だが、私の理想と現実の「はざま」は広い。そこで、何年生であろうと、「０からの始め方」を記していきたい。

　ここでは、新年度に担任が始める学級会の指導が、子どもたちにとっても初めてであるという（不本意な）仮定の下に、学級会を始める前に何が必要かを確認したい。あくまで、本書に記したやり方で学級会を進める場合の準備であることをご理解いただき、次ページ以降で詳細に記していくので、ここは、いざ学級会を始めるときの目次代わりだと捉えてほしい。

1　「学級会開き」の計画
「学級会とはなんぞや」を子どもに理解させる準備
P.88へ

2　第０回学級会の計画
第１回学級会の議題を見付けるための活動の準備
P.92へ

3　第１回学級会議題選定
「第０回学級会」の活動の振り返りから第１回の議題を選定
P.98へ

4　学級会グッズ作成
学級会ノートの作成＆配布
板書グッズ作成
司会台本作成
P.136へ

5　活動案の募集
第１回学級会の活動案を考えさせ共有する
P.100へ

6　活動案の検討
実際に学級会で話し合う案を絞り、児童に自分の考えをもたせる
P.104へ

　「こんなに準備するのは大変！！」と思わずに、該当のページを開いてみてほしい。学級会に取りかかりやすいように本書を執筆した。一緒にワクワクを共有できれば、望外の喜びだ。

087

1 学級会開き

これでカンペキ！そのまま使える学級会開きスライド

まずは、子どもたちに「学級会って楽しそう！」「やってみたい！」と思わせることから全てが始まる。多少の不安があるとは思うが、ぜひ先生自身の「やりたい！」という思いや、「こんなクラスにしようよ！」という熱のある願いを込めて、その意義を語ってほしい。

今日は、これから皆さんと始めていく「学級会」について説明します。
学級会とは、自分たちの居場所を自分たちで良くするための活動です。

自分たちの居場所はどこですか？　そうですね、〇年〇組のことです。と言っても、教室のことではありません。クラスの友達と創る生活のことです。

この学級生活が、どうしたらクラス全員にとって楽しく、気持ちよく、成長できる居場所になるかを一緒に考えて、話し合い、決めたことを実行していく活動です。

学級生活をよりよくしていくためには、まずクラスのPotentialを見付けることが大切です。クラスの伸びしろであり、さらによくしたいこと、もっとよくなることです。

Potentialが見付かったら、そのPotentialが強みになるための活動を考えます。例えば、「もっと男女の区別なく活動したい」というPotentialが発見できたら、「男女区別なく活動できるクラス」ということが〇年〇組の強みになるためにはどんな活動をすればよいかのアイディアを出し合います。これは、ルールを工夫した遊びのこともあれば、普段の生活の中で意識して取り組むことの場合もあります。

そして、皆さんが出したアイディアの中から、取り組んでいく活動を決めるために話し合います。その話し合いを学級会といいます。

学級会で決めたことを実際に行います。行う前には、司会・ルール説明・初めの言葉・終わりの言葉など、一人一つずつ「見える役割」を分担し、協力して実践していきます。

この決めたことを実践する時間を、「学級集会」と呼びます。思い切り楽しみながらも、Potential を意識して取り組みます。

このように、第 1 回学級会で話し合った後、決まったことを第 1 回学級集会として実際に行います。

学級集会の後すぐに、振り返りをします。学級集会はうまくいくこともあれば、何か問題が起こることもあります。どちらにしても、新たな Potential を皆さんで見付けていきます。

Potential が見付かれば、第 2 回学級会のスタートです。その Potential が強みになるための活動を考えましょう。アイディアを出し、学級会で決めて、第 2 回学級集会で実践します。

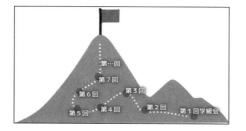

こうして大体月に 1 回くらい学級会を重ねていきます。1 回と 2 回、2 回と 3 回、3 回と 4 回というように学級会がつながり、色々な Potential がクラスの強みになっていきます。

こうして、あなたの居場所に最高の居心地が生まれていきます。これが、自分たちの居場所を自分たちでよくする活動です。

　人生には思い通りにならないことがたくさんあります。大人になってもずっとです。そんなとき、誰かのせいにして責めるのはとても簡単です。

　しかし、自分や自分の所属している集団のPotentialは何か、どんな工夫ができるかと考えて動けたら、素敵ですよね。そんなことをクラスみんなで学んでいく時間でもあります。

　学級会は、「願い100％」でできていく活動です。あなたが、クラスにどのような願いをもっているか。お客さんではありません。あなたはこのクラスの主人公です。

　一人ひとりがクラスの主人公として願いを伝えあって、願いを実現させるために努力を重ねたとき、ここにいる全ての人を「仲間」だと感じられることでしょう。

1 学級会開き

第0回学級会
物語のプロローグ

　ここまでの内容を説明すると、次の質問をされる。
「第1回学級会はどうやって始めるのですか？」
　この質問を受けると、私はとても安心する。なぜなら、ここまでの話をきちんと理解してもらっていて、しかも「やってみたい」「今すぐ始めたい」と思ってもらえていることが伝わってくるからだ。ここまで読んでくださった読者の方も気になっているということを期待して、書き進めたい。
　さて、念のため、先の質問の意図を確認する。

　クラスのPotentialを見付けて、そのことを議題にして学級会を進めるということは分かった。第2回学級会からは、そのサイクルがつながっていくイメージはついたが、まだPotentialを見付けていない第1回学級会の議題はどのように決めたらよいか。

　という趣旨の質問である。ここでよくやりがちなのが、クラスのPotentialを日常の学級生活から出し合わせるということだ。しかし、これは絶対におススメしない。
　イメージしてほしい。「〇年〇組の『もっとよくなるところ』『さらによくしたいところ』はどんなところ？」と子どもに投げかけたら、読者のクラスの子どもたちはどんなことを言いそうだろうか。Potentialというと聞こえはいいが、この発問に対して子どもはクラスの問題点を見付けようとする。
「授業中うるさい」「給食の準備が遅い」「廊下を走る」「言葉遣いが悪い」…これをクラス全体の問題として全員が捉えているならいいが、そんなことはない。これらの問題点を指摘する子の本音はこうだ。「授業中うるさい（人がいて迷惑）」「給食の準備が遅い（人がいて食べる時間が短くて困る）」「廊下を走る（人がいて怖い）」「（あの人の）言葉遣いが悪い」…こんなネガティブな学級会のスタートはダメだ。
　では、どのようにクラスのPotentialを可視化し、言語化させるとよいか。

教師主導で、Potential を見付けられるような活動を計画する。その活動の時間を、私は「第0回学級会」と呼んでいる。第1回以降の学級会へつながるサイクルを始めるプロローグ的な活動なので、「第0回」だ。どのように活動をファシリテートしていけばよいかについては、31ページの「第0回『NAP』〜生井アドベンチャープログラム〜」で詳しく述べている。ここでは、具体的な活動例を紹介する。

とても有名な活動の1つ。まだ互いの誕生日などを意識していない「第0回」にぴったり。

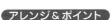

1. 教師のスタートの合図で、誕生日の順番になるように全員で1つの輪をつくる。
2. 全員が終わったら、一人ずつ立って自分の誕生日を言う。
3. 誕生日順だったら成功。

アレンジ&ポイント

・まずは、下の名前が「国語辞典に出てくる順」など簡単なテーマで、例題としてやるとよい。
・誕生日でやるときは、学年や集団の状態に応じて、「声を出してはいけない」や「英語だけ」などの条件を付けても面白い。
・「どうすればより早く」「より気持ちよく」できるかが、振り返りの視点となる。

記録に挑戦するタイプの活動となる。

ルール

1. 全員が手をつなぐ。
2. 二人の間にフラフープをくぐらせ、スタート位置とする。教師のスタートの合図で、全員が一度も手を離さずに、フラフープを一周させる。
3. 教師はタイムを計って発表し、2〜3回繰り返す。

アレンジ&ポイント

・前ページのバースデーサークルをした後に、その輪を使って続けてフープリレーをすることもできる。
・2回目をする前に、目標タイムを設定するとより良い。目標に向けて焦る気持ちが、「応援の必要性」に気付くきっかけにもなる。
・活動レベルを上げるアレンジとして、フラフープの代わりに1つのスリッパを足から足へリレーすることもできる。どの学校にもある、来校者用のスリッパだ。それをスタートの子の利き足のみに装着して、チャレンジスタート。次の子の利き足へとスリッパをつないでいく。落としてしまったら、前の子が手を使わず、手を離さずに装着してリスタートする。

よりシビアに記録に挑戦するタイプの活動となり、作戦会議がポイントとなる。

ルール

1. 10人程度のチームをつくる。
2. フラフープ（1チーム1個）を床に置いた状態からスタート。全員がフラフープを通過してから、再び床に置き、全員がフラフープから手を離すまでのタイムを計る。
3. 1回目を終えたら、2回目の目標タイムを自分たちで設定し、作戦タイムを取る。
4. 3～4回繰り返す。

アレンジ&ポイント

- 1回目は、「複数回チャレンジして記録を更新していく活動」であることは言わない。
- 作戦タイムのときにフラフープに触れさせることはしない。練習ではなく、あくまで話し合いであることを重視する。
- 唯一の正解はなく、様々なやり方があるため、話し合いでユニークなアイディアが出されることを楽しめるとよい。
- 他チームとの競争ではなく、自分たちの記録への挑戦であることを大切にする。

すでに述べてきたように、本書で提案している「プロジェクト型学級会」は、1回1回の学級会が「点」ではなく「線」でつながっていく。この「つなげる」イメージをより具体的にもっていただくために、ここでは一連のサイクルのつなげ方について、以下の4つの段階に分けて述べる。

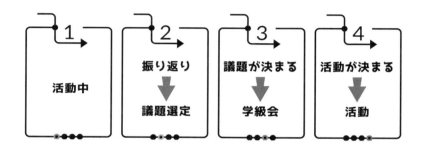

では、教師が活動中にどのように関わっていくべきかについて述べていく。この関わり方については、第0回は教師主導で進めていくため、進行からルール説明、価値付け等を全て教師が行う。

第0回学級会で、95ページの「フープくぐり」をしたとする。まず、「これから楽しいことが始まりそうだ」というワクワク感を子どもが抱けるように、教師は役者に徹しよう。そう、ディズニーランドのキャストのように。「キャラじゃない」などと言ってはいけない。私も全くキャラではないが、時にはプーさんにだってなる。プロとして。

このような場面で子どもたちにルールを説明する際に、私は特に列などは作らない。膝をついて両手で「おいで〜」と手招きする。自然と子どもたちは教師を囲んで座る。そう、「ワクワク」は意図的に生み出せるのだ。

そして、(いつもはそうであっても)「皆さんが静かになるまで待ちます」のような態度でいてはいけない。ディズニーランドのキャストは、そんなこ

としない。楽しいことが待っているのだから、何よりテンポが大切だ。多少の私語があっても、それよりも高いテンションで説明していく。

そして、活動を始める。もし活動を嫌がったり、輪から離れるような子がいれば、そっと隣に行って「一緒にやろう」と手を取って寄り添う。教師が活動の中に入るか入らないかは、このような子がいるかいないかで決めればよい。プーさんが必要かどうかということだ。

そして最も大切なことは、ただ活動を黙って見ているのではなく、活動中に起きていることを積極的に言語化して、子どもの前に落としていくことだ。フラフープをリレーする子どもたちの輪の中に、教師がいくつ「漫画の『吹き出し』」を落とせるかが勝負とも言える。なぜなら、子どもたちは活動に夢中になるからだ。「自分事」になるが「自分たち事」にはならない。すると、振り返りのときにクラスのPotentialが出てきづらい。よほどねらいを理解していて意識の高い子でない限り、自分が「楽しかったか」「楽しくなかったか」の視点しかもたない。だから、教師が吹き出しに入れて言葉をたくさん落としていくのだ。そう、ここであなたは、ウォルト＝ディズニーになるのだ。

これは、第0回学級会の関わり方の例だ。第1回目以降は、これらの役割を子どもたちに少しずつ移譲していく。司会やルール説明、吹き出しにある言葉さえも、子どもたちから出てくるように。そこを目指すためにも、まずは教師の手本が大切だ。

プロジェクト型学級会において最も大切なのが、この部分である。第1回と第2回、第2回と第3回をつなげていく部分になるからだ。「振り返り」については、教師のスキルに負う部分も大いにあるので、124ページからの「振り返りの極意」も合わせて武器にしていただきたい。

私自身、この振り返りがうまくいったこともあれば、思うようにPotentialの発見につなげられなかったこともある。その上で最も重要なことを1つ挙げるとしたら、迷わずこれを挙げる。

活動後、時間を空けずに振り返ること

ハッキリ言う。活動(学級集会)の次の日に、振り返りなんてできない。例えば、あなたが好きなアーティストのライブに行ったとする。1週間後に「ライブどうだった？」と聞かれたら答えられると思う。そのライブの感想を。しかし、こう聞かれたらどうだろう。「客層やマナーはどうだった？ ツアーTシャツ何色が多かった？」。よほどクセの強い人がいれば印象に残っているだろうが、そうでないことは忘れる。自分がどう感じたかという「Ｉ」を主語とした振り返りは、時間が経っても比較的できる。しかし、自分たちがどうだったかという「Ｗｅ」については、驚くほどのスピードで記憶からなくなっていく。いや、もっとよくないことに、ライブでクセが強い人のことだけ記憶しているように、ネガティブなことは記憶に残っているものだ。「〇〇さんが煽ってきた」などのように…。

だから学級集会は、「振り返り」の10分を含めて45分で計画したい。仮に、次の時間が専科授業で遅れられないのに、活動が伸びて振り返りができないというようなピンチに見舞われたら、百歩譲ってもその日のうちには振り返りをしよう。宵越しの振り返りはできない。

では、どのように振り返るべきか。企業等が用いる振り返りのフレームワークに「ＫＰＴ法」というものがあることをご存じだろうか。「Keep（成果が出ていて継続すること）」「Problem（解決すべき課題）」「Try（次に取り組むこと）」の頭文字だ。この方法で子どもたちに振り返らせた時期があったが、どうも私には使いこなせなかった。理由は２つ。１点目に、振り返りの視点が３つだと多いということ。２点目に、「Problem」だとネガティブにとらえてしまうことだ。そこで、今では次の２つの視点で毎回振り返りを行っている。

　全員にこの２つの視点で、振り返りをさせる。学級の人数にもよるが、個人の振り返りから次の議題へつなげる Potential を１つに集約していくのは、なかなかに高度だ。そこで、４人程度のグループで個人の振り返りをシェアさせるとよい。その上で、グループごとに出された Keep と Potential を全体で共有し、Potential の中からより優先度が高く、より課題意識のあるものを１つに絞る。これで、次の学級会の議題の決定だ。例えば、「もっと色々な人と関わりを深めたい」という Potential に集約されたら、「エブリバディ フレンド ミッション」など、子どもたちがモチベーションを高められるような文言を、子どもと相談しながら議題化するのだ。

議題選定から
学級会まで

　　　議題が決まったら、いよいよ学級会だ。いや、焦ることなかれ。「学級会」でポジティブに話し合いが進められるかどうかは、準備にかかっている。学級会を開始してから初めてそこでアイディアを出し合うというスタイルの学級会も多くあるし、否定はしない。しかし（理由は104-105ページに後述するが）、私は「活動案を出し合う」ことは、学級会が始まる前に済ませておく。つまり、この段階でやるべき「準備」とは、まず活動案を考えさせることだ。

　実践案の考えさせ方にも様々にバリエーションがあるので、学級の実態に応じて選択してみてほしい。

教科を問わず全員が主体的に課題解決に関わることのできるクラス	「〇月〇日までに活動案を考えて見せて」と言って、子どもに委ねる。必ずしも全員が宿題のように提出する必要はないが、やる気のある人だけが考える状態になるなら下の方法を取る。
グループ決めなどで孤立する子や寂しい思いをする子が出ないクラス	学活の1時間を使って考えさせる。その際、一人で考えてもいいし、友達と一緒に考えて提案してもよいことにする。グループありきではないので、提案したい活動案を全員が提案できる。
上のどちらとも言えず担任としてまだ心配がある	学活の1時間を使って考えさせる。その際、生活班などで話し合わせ、各班で1つずつの活動案を提案させる。

さて、活動案を考えさせ、学級会（話し合い）を迎えるまでに重要なポイントが3つある。

1 積極的な助言

提案される活動案が、「学級会の提案理由であるPotentialを叶える内容になっているか」「活動のルールに無理がないか」「危険はないか」「より楽しくなるアイディアはないか」などについて積極的に助言する。出された活動案がどれもクラスをよりよくするもので、かつとても楽しそうでワクワクするという状態で学級会を行いたい。

2 活動案の選択

例えば活動案が10個出されたとしたら、学級会の前に3個程度に絞りたい。なぜなら、10個ではそれぞれの活動の良さの違いを比較することは不可能に近いからだ。
全ての提案者に活動案の説明をさせ、フォームなどでシンプルに多数決して案を絞る。2つから、多くても4つ程度が私は限界だ。

3 自分の考えをもつ

活動案が2つから4つに絞られたら、改めて一人一人に「自分はどの活動案に賛成か」を明確にさせるために、学級会カードに記入させる。複数の活動案に賛成しても構わない。
理由も書かせることで、学級会での活発な発言を促すことができる。

2つ目の「活動案の選択」については、「学級会をする前に、多数決で切り捨てられるなんてどうなの？」と疑問にもたれたかもしれない。年間3回程度しか学級会をしないのなら、その考えも分かる。しかし、月に1回程度重ねていくのだ。この時点で自分の考えが選ばれなくて、ネガティブな気持ちを引きずってしまう子が出るというのは杞憂だ。子どもは大人が思っている以上にたくましい。「クラスを良くしたい」という願いが根底にあれば、ここで腐ることはない。

2 プロジェクト型学級会 一連のサイクル

学級会から活動まで

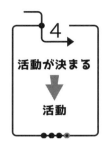

　いよいよ最後の段階。学級会によってクラス全員で取り組む活動が決まったあと、活動（学級集会）までにすべきことについて説明していく（45分の学級会をどのように進め、どのように活動案を決めるかについては、104ページ以降に詳しく書いていく）。

　活動が1つに決まってからやるべきことは、自分たちで自治的に「学級集会」を運営していく準備をすることだ。96ページ「活動中の関わり」で述べたのは、あくまでも第0回学級会、つまり教師主導の時間での動き方だ。その時間に教師がやっていたことを、第1回学級会以降で児童が自治的にできるように準備させていく。

　学級を一つの小さな社会として、その社会をよりよくしていくために積み重ねていく学級会。子どもたちに自治的な力を付けていくことを目指すからこそ、学級会や学級集会のその時間には、教師がなるべく介入したくないと考えるのは自然のことだ。でも、だからこそ、何より準備が大切なのだ。

　TBS「坂上＆指原のつぶれない店」という番組をご存知だろうか。この番組の中で、お客さんがあまり来なくなってつぶれそうになった飲食店を、経営のプロが立て直すという企画があった。私は、この番組での「経営のプロ」の立ち位置は、学級会における教師の関わりに似ていると思った。ゴールは、その店が自力経営していくことだ。一度店を休止し、経営のプロが数々のアドバイスをする。料理方法や仕入れ、宣伝、店の内装・外装など、実に多岐にわたる。店の再開直前には、何度もリハーサルをする。味や提供までにかかる時間、接客、会計等を事細かに確認して、ギリギリまで指導する。

　そして、店のリニューアルオープン。経営のプロは、店の遠くから祈るように見守っている。そして、1日目が終わって目標の売り上げを達成できたことを確認し、店主と一緒に涙する。

学級会もそうだ。学級会や学級集会になるべく介入したくないと思うのであれば、全力で関われるのは準備段階なのだ。もちろん、実際は未熟な子どもなのだから、始まったら助言してはいけないなどということはない。でもできるなら、遠くで見守る経営のプロのような立ち位置でいたいものだ。教育のプロとして。
　前置きが長くなったが、学級集会に向けてすべきことはこれだ。

「見える役割」を分担する

司会	始めの言葉	終わりの言葉
学級集会全体の司会進行を行う。	自分がどうがんばるかを表明したり、会の目的を確認したりする。	学級集会の感想を言ったり、目的に対しての振り返りをする。
ルール説明	「学級会の歩み」	目的達成リーダー
ルールの説明やチーム分け、活動自体の進行をする。	教室に掲示する新聞を作成する。	全員が目的を意識して活動できるように働きかける。

　学級集会全体のプログラムは、一番シンプルなときで
①始めの言葉　②ルール説明　③活動　④終わりの言葉　となる。
　役割分担は一人一役で、全員が役割を担う。「始めの言葉」が10人いてもよい。ただし、ここでも「Sゾーン」を意識させ、「いつも同じ役割ではなく、1年間で全ての役割ができることを目指そうね」と言い、強制はしないが、その価値を共有する。
　「目的達成リーダー」のイメージが湧かないかもしれない。これは、本来「見えない役割」として、お互いに意識して声をかけ合えば不要な役割だ。しかし、「見えない役割」を見える化すると、アイディアが豊富に出てきて面白い。紙で作ったハチマキや横断幕に「色々な人と関わろう」と書いて活動したり、「始めの言葉」の後にみんなに一言言わせてほしいと申し出たりと、大人の想像を超える発想が出てニヤニヤが止まらなくなる。純粋に楽しくて感動する。

3 プロジェクト型学級会45分の流れ

学級への「願い」に焦点化した話し合いデザイン

　それでは、いよいよ学級会の45分間をどのように進めていけばよいかについて説明していく。タイトルにある、「学級への『願い』に焦点化した話し合いデザイン」というものが、どのような意味かを押さえることから始めたい。

　まず、スタンダードな学級会としてよく例示されるのは、以下のような流れだ。

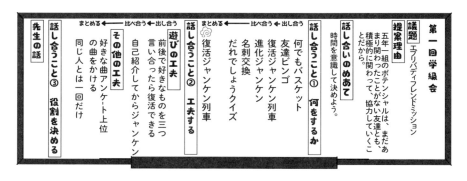

　話し合うことが①②③と、3点ある。また、合意形成の必要な①と②では、それぞれの過程が「出し合う」「比べ合う」「まとめる」と3段階になっている。

　例えば話し合うこと①「何をするか」では、まず活動の案を「出し合う」ところから始める。一通り出し切ったら、次に「比べ合う」段階だ。質問に答えたり、心配される点への改善案を述べたりすることを通して意見の共通点や相違点を確かめたり、賛成意見や反対意見などを述べたりしながら話し合いを進めていく。そして、「まとめる」段階となる。それぞれの活動案の違いを認め合い、折り合いをつけるなどして、みんなの考えをまとめて合意形成を図っていく。

　これを話し合うこと②でも行い、③の役割分担に進む。

この従来のスタンダードな流れを否定する気は毛頭ないが、私はこれを45分内に収めるのがかなり難しかった。それぞれの活動案の違いを比べ合ってまとめる中で、これまで一人ひとりがクラスをどう見てきたか、これからのクラスにどのような願いをもっているかが浮き彫りになるように進めたいのだが、これでは圧倒的に時間が足りない。子どもたちが満足するまで何時間でも話し合わせたらいいと言う方もいらっしゃるが、私はそうは思わない。各教科の指導事項も年間授業時数いっぱいに計画されている中で、学級会だけ無尽蔵に時間が取れるわけがない。また、小学校教師である以上、他教科同様に45分間で勝負すべきであると思う。

　そんな自分自身の力量不足を打開するために、様々な方の学級会を見て学び、45分間の使い方を見直した上で、自分が納得できる形を見出すことができた。それが、以下の部分に焦点化した学級会だ。

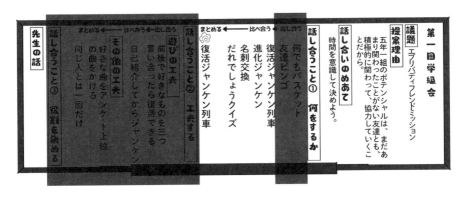

　まず、話し合うことは1点だけ。「何をするか」のみである。

　さらに、従来あった「出し合う」「比べ合う」「まとめる」の「出し合う」については事前に済ませておく。これはすでに、100・101ページの「議題選定から学級会まで」を読んでいただいていれば、お分かりいただけたはずだ。たくさん提案された活動案を2〜4つに絞り、さらに自分が「何に賛成しようと思っているか」まで、学級会ノートに明確に記している。この状態から学級会が始まるのだ。

　それはそれで、事前に時間がかかると思われてしまいそうなので、次ページに私がどのようなスケジュールで学級会前後の時間を使っているかを例示しておく。

まず学級会で1時間、学級集会で1時間、合計2時間は確保する。これは同じだ。そして慣れるまでは、下図の (45分) 部分についても可能であれば45分取ってあげたい。

「可能であれば」というのは、慣れていけばこの時間は不要になってくるからだ。回を重ねるごとに、豊富なアイディアが湧くことによって、活動案がスピーディに出てくるようになる。「何を考えるべきか」が分かっているので、余計な説明もいらない。期日さえ決めれば、子ども達は主体的に時間を見付けて活動案を考えてくる。そこを目指したい。

もう1つは、◇ の部分だ。ここは、決まった活動について役割分担をして、その役割に応じて準備をするところだ。もちろん、これも1時間確保してあげられるのならそれに越したことはないが、1回の学級会に関連して4時間も確保することは難しい。朝の会や帰りの会などで一人一役（基本的に全員の希望が叶うのですぐ決まる）の役割分担をして、あとは学級集会の日までに各自準備するように伝える。自治的な活動を目指すので、全員一律に与える時間も減らしていきたい。

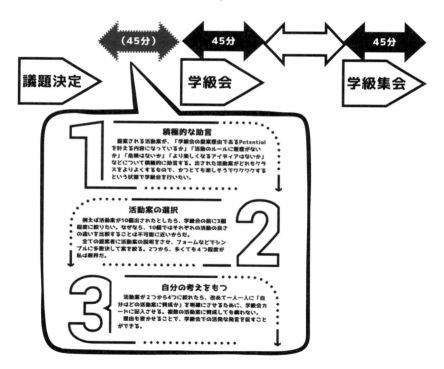

次は、先ほど例示した中にあった、「話し合うこと②工夫する」について、どのようにしていくかだ。

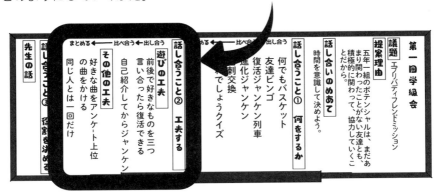

この点については、明確にこのように考えている。

提案段階ですでに工夫されている

つまり、学級会で提案される時点で活動案が細かいところまで工夫されていて、決まった後に「どう工夫していくか」について話し合う必要がないということだ。

これには、時間を短縮したいからという理由以上に、大きな意味がある。提案される活動案は、基本的に今まで誰もやったことのない、クリエイティブなものになる。なぜなら、クラスのPotentialを意識したときに、それを叶える活動は、すでに世の中にある遊びでは物足りないことに子どもが気付き、工夫したくなるからだ。いや、そうなるように、積極的に助言すると言った方が適切かもしれない。

例えば、上の板書例の活動案に「友達ビンゴ」とある。子どもが、「9マスの紙に友達の名前を書いてビンゴをする」というアイディアを持ってきたとする。私なら、そのまま提案させることはしない。なぜなら、それによって今まで関わらなかった人と距離が近くなることはないからだ。そこで助言する。「これでは、関わりはないよね。どうしたら関われるビンゴになると思う？」と。場合によっては、一緒に考える。そして、9つのマスには「好きな食べ物」「趣味」などの質問があって、その質問に答えてもらった人の名前と答えを書くなどの工夫をする。こうすれば活動の質も上がっていくのだ。

107

3 プロジェクト型学級会 45分の流れ

「やりたい」を表明する

私のクラスでは、学級会が始まるときの板書は以下のようになっている。

すでに述べたように、話し合うことは「何をするか」の1つしかないので、「話し合うこと①②③」のような短冊はない。さらに、「出し合う」段階は学級会前に終わっているので、活動案は3つ（2つ〜4つ）あり、すでに板書されている。学級会の流れを説明するために、この3つの活動案がどのようなルールの活動なのかを知っていただく必要があるので、右ページに説明していく。

「こんなに工夫された活動案は子どもたちから出てこない」と思うかもしれない。そんなことは決してない。確かに、はじめからこのような活動案は出てこない。主に1学期は、子どもが活動案を担任に見せにきたときに徹底的に助言する。発想に乏しい子であれば、一緒に考えたり、アイディアを出したりもする。この段階では、子どもは自分が考えた活動を「みんなでやりたい」と強く思っている。言い換えれば、「みんなに学級会で賛成してほしい」と願っている。そこに教師が助言することは、子どもにとっても大歓迎なのだ。一様に笑顔になる。そして、助言する割合は、回を重ねるごとに驚くほど減っていく。

友達ビンゴ

―ルール―

1. 質問の書かれた9マスのビンゴカードを持つ。
2. スタートの合図で友達に質問する。紙を渡すのではなく、必ず話しかける。
3. その友達の答えと名前をマスに書く。その質問に対する自分の答えも伝える。
4. 名前のくじでビンゴをする。
5. 相手を変えて、2回行う。

好きな食べ物	好きな教科	好きなアニメ
しゅみ	好きな給食	好きなテレビ
放課後	苦手な食べ物	行きたい国

クワトロドッジボール

―ルール―

1. 4チームに分かれる。
2. 右のように、田んぼの田のコートでドッジボールをする。
3. 元外野はいない。
4. 当てられたら、決められた外野に行く。
5. 外野から当てたら、内野に戻れる。
6. 自分と違う3チームのどのチームを狙ってもよい。
7. 全員外野に行っても続ける。

```
D外野              C外野
    ┌─────┬─────┐
    │  A  │  B  │
    ├─────┼─────┤
    │  C  │  D  │
    └─────┴─────┘
B外野              A外野
```

CSPバスケット

―ルール―

1. はじめに鬼を二人決める。
2. 鬼を囲んで、他の人は で丸くなる。
3. 二人の鬼は相談して、大きな声でお題を言う。例えば、「電車で席をゆずること」「校長先生に自分からあいさつすること」「一人で電車に乗ること」など。
4. お題に合うゾーンへ、走って逃げる。
5. 鬼にタッチされた人は、次に鬼になる。
6. 鬼は何人タッチしてもよい。

それでは、実際の学級会の様子をお伝えする。はじめの段階は、「やりたい」を表明する時間である。

３つの活動案の中から、やりたい活動とその理由を言ってください。

友達ビンゴがいいと思います。
理由は、友達のことをいろいろと知れるからです。

クワトロドッジボールがいいと思います。
やったことがなくて、楽しそうだからです。

クワトロドッジボールがいいと思います。
友達と協力して仲良くなれそうだからです。

CSPバスケットがいいと思います。
同じ気持ちでいる人が分かるからです。

クワトロドッジボールがいいと思います。
チームワークが良くなるからです。

クワトロドッジボールがいいと思います。
〇〇さんと同じで、チームワークが良くなると思うからです。

友達ビンゴがいいと思います。
今まで知らなかったことを新たに知れるからです。

　このように、次々と一人ひとりの「やりたい」を表明させていく。「楽しそうだからです」のような稚拙な理由でも構わない。みんなと楽しいことをしたいという気持ちの表れだからだ。下のように、賛成意見の数を板書グッズの「●」で可視化する。

ここでは「賛成意見」しか出てこない。反対意見や心配な意見を出す必要がないデザインにしている。質問や心配事は、10個程度の案から2〜4個程度に絞る段階で、すでに出されている。その上で「選ばれた案」が、学級会の土俵に上がる。学級会が始まるときに、すでにどれに決まってもワクワクするという状態で始められるのだ。

さらに、合意形成に向かえる話し合いにするためには、この「やりたい」を表明する段階で、できるだけたくさん意見を出させたい。黒板に「●」がたくさんある方が良く、クラス全体の気持ちを可視化することはもちろん、次の「違い」を明確にする段階に向けて、たくさんの賛成理由がキーワードとして言語化されていることが重要だからだ。

そのためのポイントをお伝えする。

何回でも賛成できるようにする

この「何回でも賛成する」場面にも2通りある。1つは、すでに「友達ビンゴ」に賛成していた子が、「CSPバスケット」にも賛成する場合だ。もう1つは、「友達ビンゴ」に賛成した子が、理由を付け足す形で再び「友達ビンゴ」に賛成する場合だ。

このように複数回賛成を表明するときには、「●」を黒板に貼る役割の児童に、分かりやすいようにクラスのルールとして、次のように言わせるとよい。

　　CSPバスケット「も」いいと思います。
　　理由は、友達のことを深く知れるからです。

この子は、始めに「友達ビンゴ」にも賛成しているが、「CSPバスケット」にも賛成している。それが分かるように「も」と言わせるルールにする。そして「CSPバスケット」にも「●」を足していく。

　　「2回目ですけど」友達ビンゴがいいと思います。
　　理由は、たくさんの人と次々と関われるとも思ったからです。

今度は、理由を付け加える形で再び「友達ビンゴ」に賛成している。この場合は「2回目ですけど」と頭に付けさせる。同じ活動案に賛成を繰り返しているので、「●」を付け足すことはしない。

このように、賛成意見があふれていく学級会のなんと素敵なことか。常にポジティブに話が進んでいく。

3 プロジェクト型学級会 45分の流れ

「違い」を明確にする

　一通り賛成意見が出尽くしたところで、話し合いを次の段階へ進める。司会の子が次のように投げかける。

司会の子

　賛成の理由をもとに、それぞれの活動案の良さの違いを考えます。
〇分時間を取るので、近くの人と話し合ってください。

　「良さの違い」という言葉は聞き慣れないと思う。これまで数多く学級会をしてきたり、学級会を参観してきたりして、とても残念な決め方だと思うのは、ネガティブな消去法で決まっていくことだ。
　「友達ビンゴ」をやりたいと思っている子が、「クワトロドッジボール」がいかに良くないか、危ないかを指摘して、責めるのだ。

「クワトロドッジボールは、3チームから狙われるので、苦手な人にとっては怖いと思います」
「クワトロドッジボールは、ボールが顔に当たってけがをしてしまう人が出てしまうかもしれません」

といったように。こうなると、クワトロドッジボールを推したい子はカチンときて、「友達ビンゴ」を蹴落としたくなる。
　そして、「何がやりたいか」ではなく、「何をやりたくないか」を主張し合い、消去法で「CSPバスケット」に決まる。
　確かに、「心配な思い」を全員で分かち合い、そういう子の気持ちも抱えて活動に臨むことは大切だ。しかし、そういう子がいるから、ルールを変えて危なくないようにしようとかいった解決策を練るのはナンセンスだと思う。そんなことを言い出したら、最初から全員がCゾーンでできる活動しかやらない方がいいことになる。いやいや、全員がCゾーンなら、そもそもやる必要なんてない。Sゾーンだからこそ、クラスのPotentialを強みに変えるチャンスがあるのだから。

話を戻そう。「良さの違い」とは何か。
　3つの活動案のどれをするかの合意形成に向かうためには、「比較」する必要がある。違いを明確にしなければ、比べることはできない。そして、あくまでそれぞれの活動案の「良さ」に着目して、違いを考えていく。難易度が高いのでいきなり発言させるのではなく、近くの子と相談させる。そして、この段階で何を相談すべきか子どもたちが分かるように、私はこのように語る。

　3つの活動案のどれにも賛成意見が出ているように、どの活動に決まっても、クラスのPotentialである「まだあまり関わっていない人とも積極的に関わって協力する」ということは叶えられると思います。だって、その願いを叶えるために一生懸命考えて提案してくれたのだから、当然ですね。でも、全部良いから全部やろうということではなく、より今のみんなのクラスへの願いを叶えられるものに決めていきたいのです。だからこそ、違いを探していきましょう。ここは、どれが良いかではなく、「全部良いけれどその良さの違いは何だろう」というように考えていきましょう。
　いきなり3つの活動案の違いが分からなくても、例えば「友達ビンゴにはこういう良さがあります」のように他の2つにはない良さがあれば、みんなで見付けていきましょう。

　つまり、「自分が何をやりたいか」「自分は何に賛成しているか」ということを一旦置いておき、違いに目を向けられるようにするのだ。違いを明確にすることは、それぞれの活動案が「実は何を大切にしている活動なのか」を明確にすることになり、それが「今のクラスで大切にすべきことは何か」につながっていく。これは全員で協力して、違いを見出す一体感を生む時間だ。
　では、読者の皆さんも先を読まずに、ここで一度109ページに戻ってルールを確認し、一体どんな違いがあるのか、子どもになったつもりで考えてみてほしい。その後に、この下より先を読んでいただきたい。
　もし子どもが、ルールの違いにばかり注目し、本質的な違いにたどり着いていないなら、私はこのように助言をはさむ。

ルールや活動の違いが、今回のPotentialである「まだあまり関わっていない人とも積極的に関わって協力すること」にどうつながるか考えましょう。「関わり方」の違いに注目すると、見えてくると思います。

　そして、子どもたちから次のような違いが出てくることを目指す。

友達ビンゴ
―ルール―
1. 質問の書かれた9マスのビンゴカードを持つ。
2. スタートの合図で友達に質問する。紙を渡すのではなく、必ず話しかける。
3. その友達の答えと名前をマスに書く。その質問に対する自分の答えも伝える。
4. 名前のくじでビンゴをする。
5. 相手を変えて、2回行う。

好きな食べ物	好きな教科	好きなアニメ
しゅみ	好きな給食	好きなテレビ
放課後	苦手な食べ物	行きたい国

・知らないことを知ることができる。
・たくさんの人と関われる。

クワトロドッジボール
―ルール―
1. 4チームに分かれる。
2. 右のように、田んぼの田のコートでドッジボールをする。
3. 元外野はいない。
4. 当てられたら、決められた外野に行く。
5. 外野から当てたら、内野に戻る。
6. 自分と違う3チームのどのチームを狙ってもよい。
7. どのチームかの全員が外野に行っても続ける。

```
D外野      C外野
   ┌──┬──┐
   │ A│ B│
   ├──┼──┤
   │ C│ D│
   └──┴──┘
B外野      A外野
```

・チームの中で協力できる。
・勝ち負けがある。

CSPバスケット
―ルール―
1. はじめに鬼を二人決める。
2. 鬼を囲んで、他の人は ◯ で丸くなる。
3. 二人の鬼は相談して、大きな声でお題を言う。例えば、「電車で席をゆずること」「校長先生に自分からあいさつすること」「一人で電車に乗ること」など。
4. お題に合うゾーンへ、走って逃げる。
5. 鬼にタッチされた人は、次に鬼になる。
6. 鬼は何人タッチしてもよい。

（C／S／P のゾーン図）

・一人ひとりがどんなゾーンをもっているかを知ることができる。
・同じ気持ちでいる人を知れるから、心の距離が近くなる。

　このような違いが出てくるためには、やはり前段階の「やりたいこと」を表明する時間で、たくさんの意見とその理由が出ていることが重要だ。回を重ねていくと、「やりたいこと」を表明する段階で、すでにその理由の中に「違い」まで明確になっていくようになる。何事も経験である。「成すことによっ

て学ぶ」。これが特別活動なのだ。

　そして、子どもが挙げた「違い」を、短い言葉で整理して示していく。これは、いつか司会グループができるようになっていくことを目指すが、すぐにできることではない。教師だって難しい。だから一緒に考えながら、なるべくみんなが「しっくりくる」言葉でまとめるという意識でいるとよい。今回の例では、私なら下の言葉でまとめる。

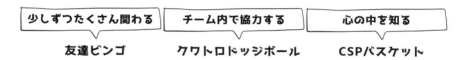

　もちろん、唯一絶対の正解などない。そのクラスの「実態がイメージできる言葉」を発達段階に応じて考えていけばよい。
　注意しなければならないのは、整理したことによって、「これではない」のように土俵から落としてしまうような言葉にしないということだ。「全部大切だけど、今のクラスではどれだろう…」と再び悩み始めることを目指す。
　下のように、板書で整理していく。

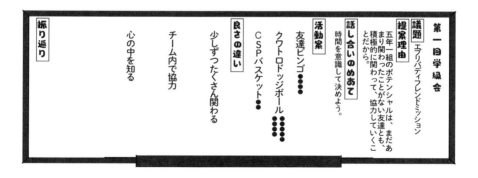

3 プロジェクト型学級会 45分の流れ

「願い」を語る

　いよいよ、合意形成に向けた話し合いに進んでいく。1つ前の「違い」を明確にする場面では、自分が「何に賛成するか」は一旦置いておき、教師も含めて全員で協力して「良さの違い」を整理した。

　ここでは、一旦置いておいた「自分の気持ち」を再び表明させる。

　ただし、「友達ビンゴ」「クワトロドッジボール」「CSPバスケット」のどれがやりたいかという「自分の気持ち」ではない。

　今のクラスに必要なのは、「少しずつたくさん関わる」ことなのか、「チーム内で協力する」ことなのか、「心の中を知る」ことなのかについての「自分の気持ち」だ。ここが決定的に違う。もうこの段階では、何がしたいかという自分の活動の好みとはおさらばしている。同じ自分の気持ちでも、「Ｉ」ではなく「Ｗｅ」になっているのだ。子どもの視座がまるで違う。だからこそ、そこに「クラスへの願い」が表出する。

　司会の子は、次のように話し合いを進める。

司会の子

「まだあまり関わっていない人とも積極的に関わって協力する」というPotentialを強みに変えるために、今の5年1組に必要なのはどの良さですか？

　ここで、子どもたちが自分の意見を述べるときに

僕は友達ビンゴがいいと思います。
なぜなら…

と話すようであれば、一旦止めてフォローしよう。これでは話し合いが振り出しに戻ってしまう。

自分の考えを出してくれてありがとう。せっかく良さの違いを整理したので、ここでは、活動案の名前ではなくて、良さの違いの言葉で意見を言いましょう。「僕は少しずつたくさん関わることが大切だと思います」のようにね。

では、実際にあった学級会での様子を再現したい。

「少しずつたくさん関わる」がいいと思います。
理由は、まだ全く話をしたこともない人もいるので、まずはその人のことを少しでも知りたいと思うからです。

僕も「少しずつたくさん関わる」ことが大切だと思います。
まだ〇年生になって1か月しか経っていないので、いろいろな人と楽しく自己紹介し合いたいからです。

僕も、少しずつでもいいからたくさんの人と関わることを大切にしたいです。提案理由にあるように、〇年〇組のPotentialは「まだあまり関わったことがない人と関わること」なので、2回のビンゴだと18人と関われます。Potentialが強みに変わっていくと思います。

　このように、自然と子どもたちの発言の中には、「自分が今のクラスをどう捉えているか」、そして「どうなっていきたいのか」という願いが溢れてくる。この段階は、どの活動にするかという土俵ではないが、3人目の発言のように、活動中のクラスの様子を具体的にイメージして願いにつなげているものもある。このような発言も自然と出てくるとよい。

僕は、「心の中を知る」ことが大切だと思います。
一人ひとりのゾーンは目には見えないので、お題に対してこんなに違いがあるんだと気付けることが、思いやりにつながると思うからです。

僕は「チーム内で協力する」ことが大切だと思います。
協力すると仲が深まるからです。

僕は「少しずつたくさん関わる」ことが大切だと思います。
なぜなら、今回のPotentialは「まだあまり関わったことがない人」との関わりなので、まずは少しずつでもきちんと会話をして、関わることを大切にしたいからです。

私も「少しずつたくさん関わる」ことが大切だと思います。
あまり関わったことがない人に自分のことを話すのは緊張するけれど、こういう機会がないと1対1では話さないので、Sゾーンに挑戦して関わりを増やしていきたいです。

　「良さの違い」を整理した上で話し合いを進めることで、子どもたちの中に「ある気付き」が生まれた。それは、実はクワトロドッジボールは

Potentialである「まだあまり関わっていない人」と関われるチャンスが極めて乏しいということだ。「協力」というと聞こえはいいが、実際に作戦を立てるわけではないし、一緒にピンチを乗り越えることも少ない。四つ巴のドッジボールという目新しさと、示されたコートの図にワクワクした子たちや、どのクラスにも一定数いる「ドッジボール大好き少年」が、「やりたい」を表明する段階でたくさんの●マークを付けることになった。「良さの違い」を整理しなければ、ほとんどの場合はこのまま「クワトロドッジボール」に決まっただろう。そして、学級集会が終わってから気付くのだ。「あれ、結局○○さんとは一言も話してないままだな…」と。

　学級会に戻ろう。話し合いは、「少しずつたくさん関わる」と「心の中を知る」のどちらにも賛成が付き、決め手を欠いたまま進んだ。では、どのように合意形成を目指していくか。後述するが、それぞれの思いを出し切り、それぞれの思いが大切にされている状態であれば、最終的に多数決で集団決定を図るのはやむを得ない。しかし、なるべくなら多数決に頼らずに決めたい。そこで、私はもう一歩思考を深めさせる投げかけをしてみた。

今はみんなで、「まだあまり関わっていない人とも積極的に関わって協力する」というPotentialを強みに変えるために、必要なことを話し合っていますね。
みんなは「あまり関わっていない人がいる」ことを変えたいわけですよね。でも、自然に任せてもそうはならない。そこには壁があるわけです。
その壁って何でしょうね。どんな壁があって、どうすればその壁を破ることができるか、○○さん（司会者）、少し相談できる時間をとっても良いですか？

　このようにして、近くの人と相談する時間を設けることを司会者に促した。読者の方は、この話し合いがどう流れるかを予想できるだろうか。実はこれ、私は予想できていなかった。むしろ予想できていたとしたら、話し合いの方向性を決定してしまうような介入をすべきではない。ここで言った「壁」が、シンプルに話したこともない「関わりの少なさ」によるものだと捉える子もいれば、他者理解が足りないことだと捉える子もいる。どちらもいる。そこと真剣に向き合ってほしいのだ。

　この後、何人かの子が、自分の中にある「壁」、クラスの中にある「壁」

について考えを述べた。そして結果的に、話し合いは一人の子の発言によって合意形成に向かった。

僕は、あまり自分から話しかけることが得意じゃないから、みんなよりも自分の中にある「壁」が厚いと思う。だけど、どうしたらその「壁」が薄くなるのかなって考えてみた。
確かに、いろいろな人と直接話をして、その人の好きなものなどを聞いたり伝えたりすると、今までよりも距離は縮まると思った。でも、それが協力につながるかと思うと難しいなって、正直思った。
会話をしなくても、あの人はあんな場面ではSゾーンなのに頑張ってるんだなとか、あんなに立派なのに本当は僕と同じSゾーンがあるんだなとか、心の中を知ることができると、僕の中の壁はかなり薄くなると思った。
みんなの心の中を知りたいなって思いました。

ここまでの発言が出ると、僕も私もそう思うと賛成が続き、合意形成に向かう。

司会の子
「心の中を知る」ことが大切だという意見が多いので、「エブリバディフレンドミッション」でやる活動は、「CSPバスケット」に決めてもいいですか？

「はい！！」

最終的な板書を見ると、「やりたい」を表明した段階では最も賛成意見の少なかった「CSPバスケット」に決まったことが分かる。もちろん、最初から賛成の多いものに決まることもあるが、学級会の意義はこういう部分に表れるのだと思う。「話し合ってよかった」。この実感を得たい。

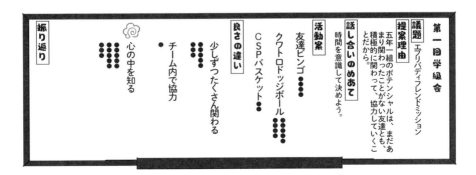

3 プロジェクト型学級会 45分の流れ

「希望」を語る

　さて、学級集会でやる活動も決まった。学級会の最後に何をするか。そう、振り返りだ。私が学級会の後に振り返らせる内容を説明する前に、子どもに書かせる「学級会ノート」（第4章「学級経営の肥料」そのまま使えるお役立ちグッズ）について説明する。まずは、学級会ファイルの作り方だ。

　1つ1つの学級会を「線」でつなげていくためにも、学級会ノートに自分の思いを記録し、蓄積していくことはぜひともやっていきたい。
　表紙を印刷した画用紙を二つ折りして、用紙を貼っていくだけだ。

では、いつ、どのタイミングでこの学級会ノートを書かせ、活用していくのか説明をしていく。

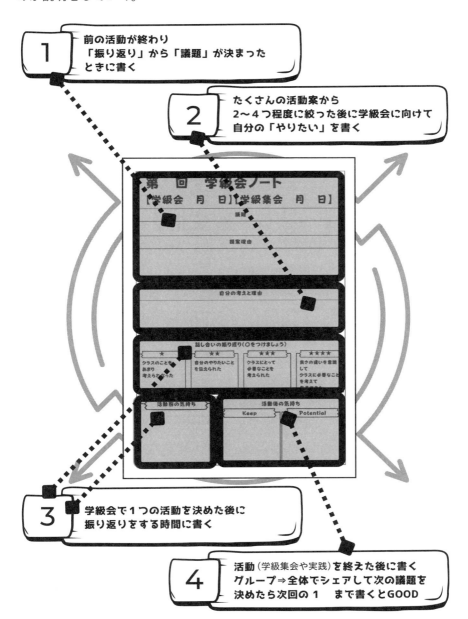

学級会の終わりに振り返る内容について、詳しく説明していく。つまり、前ページの3の部分だ。

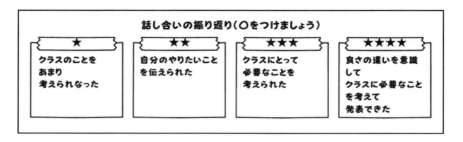

まずは、話し合いそのものへの振り返りをする。★の数でルーブリックにしている。これは、学級会への参加態度を評価するためのものではない。自分で自分のクラスへの関わり方をメタ認知できるようにするためのものだ。もちろん、★★★★を目指せるようにしていきたいところではあるが、今日の学級会に対しての自分の心の状態や態度を素直に振り返り、1年間積み重ねていくことが何より大切だ。学級生活の1年間が物語であり、主人公としてそのストーリーの中にどう関わったかという証を残していく。良いときも悪いときもどちらも大切にしていく。そんな風に価値付けて、振り返らせたい。

低学年は、右のように気持ちを絵で表したものを選択させるだけでも十分だ。

もう一つ、この場面で書かせるのが、右下にある「活動前の気持ち」だ。ここでは学級会の話し合いで決まった活動に対して、今の自分の気持ちを書かせる。

先の例で言えば、「CSPバスケット」をやることに決まった時の、今の気持ちだ。

クラスのPotentialを意識して、どのように自分が立ち振る舞うかの思いを書く。これがクラスのPotentialを強みに変える「希望」だ。

そして、この部分を次のように発表させる。

司会の子
どんな気持ちで活動したいか、
発表してくれる人はいますか？

想像できるだろうか。この時間のなんと豊かで幸せなことを。例えば子どもたちは、こんなことを言ってくれる。

私は走るのがあまり好きではありません。
でも、同じSゾーンやPゾーンの友達と一緒に鬼から逃げられるので、頑張ります。

同じゾーンの人と少しでも話をして、関わりを深められるようにしていきます。

僕はクワトロドッジボールがやりたかったけれど、みんなで決めたCSPバスケットなので思い切り楽しみたいと思います。

一緒に鬼になった人とお題を考えるのが難しそうだけど、誰と一緒に鬼になってもちゃんと話し合って考えて、そこでも関わりを深められるようにします。

苦手だけど頑張る、自分がやりたいのとは違ったけれど頑張る、みんなの願いだから頑張る、Potentialを意識して頑張る…など、未来のクラスに「希望」が溢れていく。

もう一つ、私なりの工夫としては、この部分を付箋に書かせることが気に入っている。学級会後、付箋を教室の掲示スペースに貼らせる。全員分の「学級集会」に向けたクラスへの希望が可視化される。学級集会前に、再び付箋を剥がして学級会ノートに戻す。そうすれば、自分が描いた希望を自然と再確認できる。

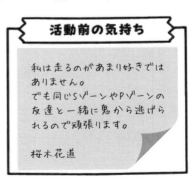

123

4 「振り返り」の極意
子どもが議題を見付ける

何を振り返るべきか

　「プロジェクト型学級会」において教師にとって最も大切なのが、学級集会の「振り返り」だ。この振り返りによって、1 回 1 回の学級会が点でなく線としてつながり、1 年間が物語として紡がれていく。

　この「振り返り」のポイントについては、すでに 98・99 ページの「プロジェクト型学級会　一連のサイクル」の中で簡単に述べた。

　もう一度確認しておくと、
　　① 活動後、時間を空けずに振り返ること
　　② 振り返りの視点は「Keep」と「Potential」であること
　　③ 個人⇒グループ⇒全体　でシェアリングすること
　この 3 点だ。

　だが、この 3 つを守ってやったからといって、より良い議題（クラスのPotential）が児童から簡単に引き出せるものではない。児童に「振り返り」の力を育んでいく必要がある。そのために必要な教師のスキルについて、本章で説明していく。

　まずは、「何を振り返るべきか」。この大前提を押さえなければ、何度やっても振り返りは空転する。先ほどから続けて例にしている「CSP バスケット」をやった後の振り返りをイメージしていきたい。

　例えば、次のような「振り返り」が子どもたちから挙がったとする。

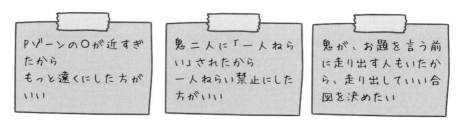

左下の振り返りを読んで、担任であるあなたは、率直にどのように感じただろうか。ハッキリ言って、これでは「振り返り」の失敗である。次の議題につながるような Potential ではない。
　これは「CSP バスケット」という活動のルールについての工夫である。自分たちが考えた遊びである<u>「CSP バスケット」の Potential ではあるが、クラスの Potential ではない</u>。なぜなら「CSP バスケット」をやることは、もう一生ないだろうから。「CSP バスケット」という遊びが上手くできるクラスになりたいわけではない。「CSP バスケット」を通して、クラスという集団の Potential を見出せるようにしていかなければならない。
　もう少し分かりやすい例を挙げる。私の学校では、5 年生の宿泊学習でカレー作りをする。カレーを食べ終わった後、「カレー作りを振り返りましょう」と言って Keep と Potential を挙げさせる。ここで「Potential」として、「火が強すぎて焦げてしまったから、火力を調整できるようにする」「人参が固かったから、もっと小さく切る」と出てきてしまうのと同じだ。子どもたちは、カレー作りが何のために行う活動なのかを理解していないので、「何を振り返るべきか」が分かっていない。家庭科の調理実習の振り返りなら、これでいい。目的が違うからだ。しかし、同じメンバーでかまどでカレーを作ることは二度とない。「どうしたらもっとカレーが美味しくなるか」という振り返りをしたいのではない。宿泊学習でカレー作りをする意義から考えれば、振り返るべきは次の 2 点だ。
「<u>カレー作りをする中で見えたグループの良さ、教室でも大切にしたいこと</u>は何か。【Keep】」
「<u>もっと良くなるところ、学校生活の中でさらに伸ばしていきたいことは何</u>か【Potential】」
　子どもたちに「振り返りましょう」と言って、最初から自然にできるわけではない。左のような振り返りになって当然だ。だからこそ、振り返りは「何のために行った活動だったのか（学級会における提案理由）」という学級集会の目的、「クラスが学級目標の達成に向けて、より全員にとって居心地が良くなるために」という学級生活を豊かにしていくための希望であることを前提としていきたいのだ。

4 「振り返り」の極意
子どもが議題を見付ける

「時すでに遅し」とならないために

　「振り返り」がうまくいかない原因として、「何を振り返るべきか」という前提を大切にする以外に、もう1つ大きなポイントがある。

> 「『振り返り』をしましょう」と言ったときには
> もうすでに『振り返り』は終わっていないといけない

　これは、私の学級会の師匠である玉川大学TAPセンターの川本和孝先生よってご指導いただいた際の、至言の1つだ。私にとっては、思わず立ち上がって頷き続けてしまうようなパワーワードだ。もしもあなたがこの意味を理解し、私と同じように立ち上がって頷いているとしたら、今すぐ会いに行き固い握手をさせていただきたい。

　「振り返り」という言葉の意味が、かえって教師の関わりを制限してしまっているようにも思う。「振り返り」とは、「行動や結果を思い返して、内面や原因を見つめ直すこと」だ。そう、「思い返す」という言葉が内在されているため、どうしても「後から行う」というイメージが先行してしまうのだ。

　学級集会は楽しい活動だ。いや、思い切り楽しい活動であってほしい。だからこそ、活動中に楽しみながらもよほど冷静な目で集団の様子を観察するようなスペシャルな子でもない限り、「後から」振り返ることなど不可能に近い。感じてないことを思い返すことはできないのだ。

　例えば、あなたが大人気ラーメン店に念願叶って食べに行くことができたとする。あなたは、美味しいラーメンに舌鼓を打っている。大満足で家に帰ると、パートナーにこんな質問をされた。「お客さんは老若男女どんな割合だった？」「トイレは男女別？　きれい？」「自家製麺？」「内装の特徴は？」…さあ、困った。

あなたの興味や関心は「ラーメンは美味しいか」だったはずなのに、聞かれたことは、ラーメンの味以外のことがほとんどだ。人は見たいもの、感じたいものばかりを心に残していく。思い出せないのではない。キャッチしていないのだ。

　しかし、もしこのパートナーと一緒にラーメン屋に行っていたらどうだったろう。きっとこのパートナーはラーメンを待ちながら、こんなことを語りかけてくるだろう。「若い女性のお客さんが多いね」「トイレが綺麗でびっくりしたよ！」「やっぱり麺は自家製だね。こだわりを感じる」「壁紙の色が明るくていいな。あそこなんて間接照明だよ、おしゃれ♪」

　そして後日、別の女性にこのラーメン屋さんの感想を求められたあなたは、こう語るだろう。「自家製の麺にこだわっていてね、すごく美味しかったよ。お客さんも若い女性が多くてさ、間接照明でお洒落だったり、トイレも綺麗だったりするからおススメだよ」。

　学級集会に向かう子どもも同じだ。どんなに意識の高い子であっても、興味関心の中心は「その活動を楽しみたい」ということだ。「楽しかったか、楽しくなかったか」については振り返るが、教師が後々引き出したい言葉は先のパートナーのように、活動の場に教師が落としていかなければならない。もう一度言う。キャッチしていないことは、振り返れない。キャッチできるように「漫画の吹き出し」を撒いていくのが、活動中の教師の役割だ（97ページ参照）。

　すると「振り返り」の時間になって、子どもたちはすでにキャッチしていた「吹き出し」に自分なりの思いを乗せて、output できる。

　さらにもう一つ。実は、ネガティブなことは勝手に心に残っていく。例えば、ラーメン屋で隣に座った客の肘が何度もぶつかってきたことや店主の指がスープに入っていたこと、例の黒い虫が壁にいたことなど。そんなことはキャッチしたくなかったのに残ってしまうものだ。学級集会でもネガティブなことは記憶に残りやすい。だから、ネガティブな言葉ばかりが output されたとしたら、活動そのもの良し悪しよりも教師の活動中の言語化不足を疑いたい。

　教師が落とす「吹き出し」の数はどんどん減っていくべきだ。それを期待しながら、1学期は全力で「何が起こっているか」を言語化していこう。

4 「振り返り」の極意
子どもが議題を見付ける

ネガティブさえもクラスのPotentialに

　どんなに教師がポジティブな言葉で活動の価値付けをしたとしても、ネガティブな印象が残ることがある。主な原因は2つだ。
　① ルールに無理がある。
　② 身勝手な子がいる。
　さあ、担任としてのあなたは、これをピンチと捉えるか、チャンスととらえるか。どう考えても、学級経営上の大チャンス到来である。しかし、焦ってしまう。「学級集会は楽しく終わらないといけない」という固定観念があるからだ。これが単発で行う学期末の打ち上げ的な「お楽しみ会」であれば、教師がピエロのようになって全力で楽しませるのもいいかもしれない。しかし、本書で提案しているプロジェクト型学級会は、1年間の物語をつなぐピースの1つである。むしろ、「起承転結」の「転」のない物語の「結」なんて味気ないではないか。
　では、文句を言い合うような「振り返り」の時間となり、不満が爆発したまま終わらせて良いかというと、それは違う。ここに、教師の適切な指導の必要性がある。ネガティブな出来事をバッドエンドのきっかけにするか、ハッピーエンドに向けたPotentialにするかは、まさにあなた次第なのだから。
　まずは「① ルールに無理がある」ケースについて、教師の適切な指導について私の考えを述べる。
　結論から言うと、躊躇せずに中断して、ルールの修正を試みることだ。そもそも誰もやったことのない、斬新でクリエイティブな遊びが提案されている。人数配分や場の設定、制限時間などのルールが、一発で最適になっているはずがない。だからこそ学級集会の途中であっても、全員を集めて次のように語るのだ。

「今、少しやってみたけど、楽しくなさそうな人が多いね。どうしてだと思う？」
「そうだよね、○○が○○すぎたかもしれないね。どのくらいがちょうどよさそ

う？」
「この遊びってさ、〇〇さんが考えて提案してくれたでしょう。だから、あなたたちが今世界で初めてこの遊びをしているんだよね。一発で完璧なルールになんてならないのは当然だよね。そんなときにはこうしてみんなで話し合って、ルールの修正を提案していこう。一度提案されたルールを意地でも守るより、この時間がどうしたらもっと楽しくなるかを考えていくことの方が大事だからね」

　いやいや、自治的な活動なのだから、教師が活動中に介入すべきではないと考える人もいるかもしれない。しかし一度か二度、このように適切な指導をすると、そのうちに子どもが動き出すようになる。自ら動けるような子を輩出するためには、やり方を示さなければならない。「自治」ではなく、「自治的」な活動である所以も、ここにあるのだと思う。

　次に、「② 身勝手な子がいる」ケースだ。これは非常に悩ましい。もはや「その子」の問題で、活動がつまらなくなってしまっているのだから。例えば「振り返り」のPotentialで、右下のような不満が出てきたとする。そして、同じように思う子が複数いる状況だとする。担任であるあなたは、このPotentialをどのように扱うだろうか。考えてみてほしい。

　ポイントは、特定の個人の問題は多くの子にとって「他人事」であることだ。これがどうしたら「自分事」になるかを考えて語りたい。大チャンスだ。「他人と過去は変えられないが、自分と未来は変えられる」というカナダの精神科医エリック・バーン氏の名言を、小学生にして体得してしまえるのだ。私なら、全員に向けてこう語る。

> タッチされても逃げる人がいたからルールを守ってほしい

ルールを破っている人がいると、ムカッとくるよね。でもね、大人だってルールを守らない人っているんだよ。つい、うっかりということもある。だから、ルールを破った人がいるから自分が楽しめないというのはもったいない。
「ルールを守らない人が、どうしたらルールを守りたくなるか、守れるようになるか」を考えられないかな？　それがクラスのPotentialなんだと思うよ。

　子どもたちは素直だ。頭をひねって考えてくれる。その子の側にある問題が自分事に変わる瞬間だ。そして、こんなPotentialをoutputしてくれると次の議題につながる。「その場で優しく指摘する」「一度活動を止めてルールの確認をする」「その子と一緒に動く」…なんて素敵な心の発露だろうか。

5 学級会Q&A
多数決は悪手か？

　学級会について受ける質問のナンバーワンは、間違いなくこれだ。どうしても、多数決アレルギーのような方がいる。しかし、考えてみてほしい。民主主義において、多くの議論は多数決によって決定する。社会の縮図である学校や学級で、集団や社会の形成者としてよりよい社会づくりを実現する力を育むことを目指した学級活動で、「よりよい多数決の仕方」を教えるのは、もはや必要不可欠のことではないだろうか。

　多数決については、小学校学習指導要領（平成29年告示）解説　特別活動編に次のように書かれている。

> 自分と異なる意見や少数の意見も尊重し，安易に多数決で決定することなく，折り合いを付けて集団としての意見をまとめることの大切さを理解したり，合意形成を図っていくための手順や方法を身に付けたりすることができるようにすること

　合意形成を図っていく話し合いを目指しつつ、「安易な多数決」を否定している。そこではっきりさせたいのは、「よい多数決」と「安易な多数決」の違いだ。

　私が実感している「よい多数決」は、「少数意見が大切にされた上での多数決」だ。黒板に可視化された「●」マークが少なくても、その意見をもっている子の思いを全員が理解している。その子の思いも大事にして、その子が悲しい思いをしないように決まった活動をやろうという意思がある。そんな状態であれば、多数決に移行してもよいだろう。そうでないように感じる状態であれば、教師がその思いを大切にして取り上げ、全員で共有する必要がある。112・113ページで説明した、「違い」を明確にする話し合いの方法は、そのような少数意見にある「思い」が表出しやすい方法であると、自信をもっておススメする。

5 学級会Q&A 全員に発言させるには？

　学級会の終わりに先生のお話で、「今日は全員が発言できました」と嬉々として伝えられ、拍手が鳴り響く学級会を見たことがある。そのような場面を見ると、「私のクラスもそうでありたい」と思ってしまうのも理解できる。しかし、私は一抹の不安を抱く。心理的に強制されていないだろうかということだ。

　これも、私なりの結論から言わせていただく。

　<u>結果的に、</u>全員が発言することは素晴らしいことだ。だが「<u>全員に発言させること</u>」<u>を目的にする必要はない。</u>理由は2つだ。

① 学級会へ主体的に参加する姿勢を多面的に捉えることが大切。

　「この子は一生懸命学級会に参加しているなあ」と担任であるあなたが評価する視点は、「発言したかどうか」でしかないということはないだろう。話し手の目を見て一生懸命に話を聞く姿、活動案のルールを何度も確認しながら自分の考えをまとめようとする姿、近くの友達と意見を交わす姿などを、多面的に評価したい。そして、終わりの話で価値付けてあげればよいのだ。「あなたがこのクラスをより良くしようと一生懸命であることを、私は見ているよ」というメッセージを伝えていきたい。

② 発言することが苦手な子を心理的に追い詰めるべきではない。

　何がSゾーンで、何がPゾーンかは一人ひとり違っていて、自分の物差しを人に当てはめるのではなく、お互いのゾーンを大切にできる集団経営を目指していることはすでに述べた。そのような学級風土があれば、「挙手して発言」という目に見える結果だけを一律に目指すべきではないことは、子どもでも分かる。発言できない子の気持ちを聞いて、代弁しようとする子が現れるなんてこともある。そんな学級会を目指したい。司会の子が、「まだ発言していない〇〇さん、言ってください」などと発言を強制するようなことになってはいけない。

子どもたちが、子どもたちの力で主体的に学級会を進めていくためには、司会グループを組織していくことが大切だ。私が担任として、あるといいなと思う役割は以下の4つだ。

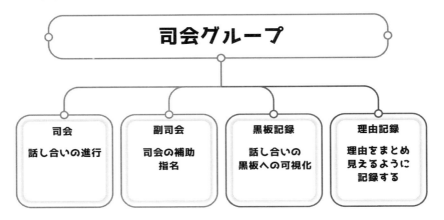

まず前提として、司会グループは話し合いを中立的に進める役割であるため、賛成や反対等の個人の意思を発してはいけない。当然、多数決にも参加しない。

そして、この4つの役割は、必ずしも4人必要だというわけではない。例えば40人学級であれば、理由記録を2人にして5人体制で行うのもよい。反対に20人学級だと、司会グループの人数も少なくしたい。賛成意見を言える子どもの数を十分に確保したいからだ。だから、司会と副司会の役割を同じ子が担い、3人体制にすることもある。

黒板記録は、主に短冊やマグネットの操作で話し合いを可視化していく。私のクラスでは、理由記録にはICTを活用して画面に入力させて、電子黒板に映すようにしている。良さの違いを明確にするうえで、賛成の理由を書き残していくことは重要だ。

5 学級会Q&A
教師は介入してはいけない？

　この質問も、「多数決の可否」に次いで多く聞かれることがある。ここまで読んでいただいたあなたなら、私がどのように答えるか想像がつくだろう。そう、「介入しなくていいように、一年間かけて教師が果たしている役割を少しずつ譲っていく」というのが私の答えだ。

　86ページで紹介した、「学級会を経験したことのない子どもたち」を高学年で担任したとき、第1回学級会で私は、司会グループに任せたい4つの役割の全てを私一人でやった。もちろん、「次からはみんなでやれるように、最初は私がやるね」と伝えてから。そして迎えた第2回。始まる前にこのように聞いてみた。「3月までの学級会で、全員が司会グループの役割を経験できるように順番でやっていこうと考えています。まだ難しければ、今回までは私がやろうと思いますが、どうしますか？」。すると、希望者が殺到した。クラスの半分以上が希望した。そして、これでいいのだと安心した。

　「口を出さない」。これは、最終的に目指したい姿ではある。しかし、最初から口を出さないと決め、うまくいかないことに子どもも教師もやきもきしている時間の、なんともったいないことか。

　学級集会も同じである。活動中に、「後で引き出したい言葉を落としていくこと」がいかに大切かについては、「振り返りの極意」で述べた。しかし、これもだんだんと必要がなくなってくる。子どもは育っていくからだ。その育ちに合わせて、自分の関わり方もフェードアウトさせていくことを楽しむことこそ、特別活動のあるべき教師の姿だと思う。

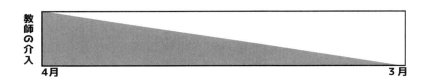

　学級会を積み重ねていき、これから始まる話し合いに担任として不安を抱えることがなくなれば、学級会の冒頭で教師が話す必要はなくなる。そこを目指していけるとよい。慣れるまでは、「提案理由の確認」「話し合い方のポイント」「話す・聞く態度の確認」「活動案のルールの再確認」等を必要に応じて行うとよい。

　一方、「終末の助言」は必ず必要であると考える。

「終末の助言」で話すこととして、

文部科学省 国立教育政策研究所 教育課程研究センター 発行

『みんなで，よりよい学級・学校生活をつくる特別活動　小学校編』

には、次のことが示されている。

> ① 合意形成したことへの価値付けや個人や集団への称賛
> ② 今後の課題
> ③ 計画委員（※本書では司会グループ）へのねぎらい
> ④ 今後の見通しや実践に向けての意欲付け等について
> 　　簡潔に述べ、特に前回の話合いと比べての変容について称賛する。

　これらのことを、終末に話していけるとよい。

　4点例示されているからといって、毎回全て網羅する必要はないと私は感じている。どちらかというと私は、積極的に「個」の名前を出して具体的に評価し、価値付けする。私が価値付けする理由は、そのような子を増やしていきたいからだ。主に、このような子を取り上げる。

　① 学級の日常生活で見られるPotentialに重ねて伝えられた子。
　② じっくり考えた上で、柔軟に考えを変えられた子。
　③ 不安より未来への希望を語れた子。
　④ 不安や痛み、弱さを大切にして、抱えるような発言をした子。

第 **4** 章

学級経営の肥料

そのまま使える
お役立ちグッズ

「お役立ちグッズ」目次とQRコード

※Canvaにログインできる方は、QRコードからファイルをコピーして編集が可能。

p.137 学級会アイテム①
　　　学級会ノートファイル表紙

p.138 学級会アイテム②
　　　学級会ノート（低学年用）

p.139 学級会アイテム③
　　　学級会ノート（高学年用）

p.140 学級会アイテム④
　　　学級会司会台本（低学年用）

p.141 学級会アイテム⑤
　　　学級会司会台本（高学年用）

p.142 学級会アイテム⑥
　　　学級会板書グッズ（短冊）

p.143 教室掲示アイテム①
　　　夢を叶えるSゾーンへの挑戦

p.144 教室掲示アイテム②
　　　リーダーシップ〜山登り理論〜

p.145 教室掲示アイテム③
　　　学級生活を彩るペンギンたち

子どもへの語り＆そのまま使えるスライドデータ

p.146　自分を変える一歩がクラスを変える「心理領域『ＣＳＰ』」
p.148　リスクを選べる心理的安全性「Ｓゾーンへ挑戦したくなるクラス」
p.150　全員が主体者になるクラス「リーダーとリーダーシップの違い」
p.152　一人の勇気を集団の勇気につなげる「3羽のペンギン」
p.154　「違い」の価値を大切にできるクラス「平等と公平の違い」

仲間とつくる
学級会ノート

年　組〔　　　　　　　〕

第 回　学級会ノート
【学級会　月　日】【学級集会　月　日】

ぎだい

てい あんりゆう

じぶんのかんがえ

はなしあいのふりかえり(☆をぬりましょう)

かつどうのふりかえり	

第　回　学級会ノート
【学級会　月　日】【学級集会　月　日】

議題

提案理由

自分の考えと理由

話し合いの振り返り（〇をつけましょう）

★	★★	★★★	★★★★
クラスのことをあまり考えられなった	自分のやりたいことを伝えられた	クラスにとって必要なことを考えられた	良さの違いを意識してクラスに必要なことを考えて発表できた

活動前の気持ち

活動後の気持ち

Keep

Potential

学級会（がっきゅうかい）　司会台本（しかいだいほん）

はじめのことば

これから（　）ねん（　）くみ　だい（　）かい　がっきゅうかいをはじめます。よろしくおねがいします。

やくわりのしょうかい

しかいの（　　　　　）です。ふくしかいの（　　　　　　　）です。
りゅうきろくの（　　　　　）です。こくばんきろくの（　　　　　　　）です。
よろしくおねがいします。

ぎだいとていあんりゅうのかくにん

きょうのぎだいは（　　　　　　　）です。
ていあんりゅうは（　　　　　　　）です。

せんせいのはなし

つぎはせんせいのおはなしです。せんせいよろしくおねがいします。

はなしあい①

はなしあいに　はいります。やりたい　かつどうとそのりゆうをいってください。

はなしあい②

それぞれのかつどうのよさをくらべます。それぞれのかつどうにはどんなよさがあるか、ちかくのひととはなしあってください。
　⇒よさのちがいをいってください。

はなしあい③

いまの（　）ねん（　）くみにひつようなのはどのよさですか。
　⇒（　　　）といういけんがおおいので（　　　　）にきめていいですか。

ふりかえり

ふりかえりをします。ほしにいろをぬりましょう。
いまのきもちをはっぴょうしてくれるひとはいますか。

せんせいのはなし

せんせいのおはなしです。せんせいよろしくおねがいします。

おわりのことば

これでがっきゅうかいをおわります。ありがとうございました。

学級会　司会台本

これから、（　）年（　）組　第（　）回学級会を始めます。よろしくおねがいします。
今日の議題は「＿＿＿＿＿＿＿」です。提案理由は「＿＿＿＿＿＿＿」です。
話し合いのめあては「＿＿＿＿＿＿＿＿」です。意識していきましょう。
はじめに先生の話です。先生よろしくおねがいします。

話し合いに入ります。（　）つの活動案の中から、やりたい活動とその理由を言ってください。

賛成の理由をもとに、それぞれの活動案の良さの違いを考えます。
（　）分時間を取るので、近くの人と話し合ってください。

それぞれの活動の良さの違いを言ってください。

良さの違いを整理します。　＞先生も一緒に考えます。＜
これでいいですか？

「＿＿＿＿＿＿＿＿＿＿」というPotentialを強みに変えるために、今の（　）年（　）組に必要なのはどの良さですか？

「＿＿＿＿＿＿＿＿＿＿」ことが大切だという意見が多いので、
「＿＿（議題名）＿＿」でやる活動は、「＿＿＿＿＿＿＿＿」に決めてもいいですか？

話し合いの振り返りをします。
学級会ノートに、今日の話し合いの振り返りに丸をつけて、活動前の今の気持ちを書きましょう。

どんな気持ちで活動したいか、発表してくれる人はいますか？

司会グループからの振り返りです。
今日の話し合いのめあては「＿＿＿＿＿＿＿＿」でした。
私は「＿＿＿＿＿＿＿＿」と思いました。

最後に先生の話です。先生よろしくおねがいします。
これで、第（　）回学級会を終わります。ありがとうございました。

良さの違い

議題

第学級会回

振り返り

活動案

提案理由

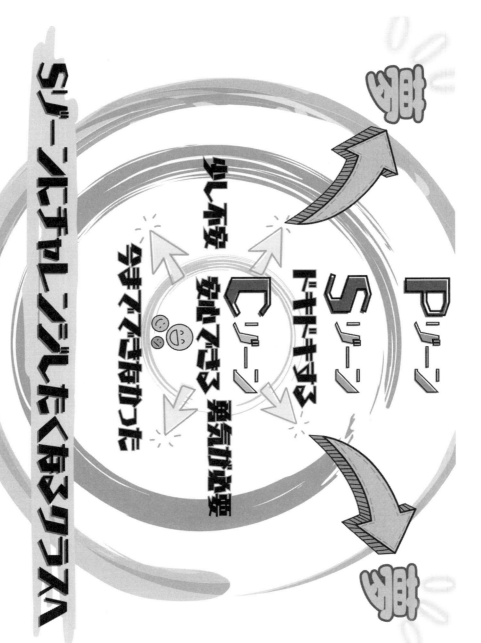

リーダーシップ ～山登り理論～

真ん中
ムードメーカー
誰とでも仲良し
元気いっぱい
ポジティブ

最後尾
苦しいときに
寄り添ってくれる
あきらめず
一緒に乗り越える

先頭
強い意志と決断力
みんなをまとめる
統率力

全体を見る
みんなの気持ちを理解
連絡・相談・調整

自分を変える一歩がクラスを変える

心理領域『CSP』

　人の心には、3つのゾーン（心の範囲）があります。一番内側にあるのが「C(コンフォート)ゾーン」。これは、あなたが一番安心していられる空間や状況です。お風呂に入っていたり、仲良しの友達と楽しい話をしたりするときでしょうか。

　人間は、人生の多くの時間を「Cゾーン」で過ごすそうです。しかし、ずっと「Cゾーン」だけで過ごしていたとしたら、どうでしょう。できることが増えていかないですよね。

　例えば、大谷翔平選手に憧れたとします。この少年は、大谷選手のようになりたいと強く願い、テレビの中の大谷選手を応援します。ゴロゴロしながら、冷房の良く効いた部屋で。さて、この少年は大谷選手のようになれるでしょうか。なれませんよね。なぜなら、「Cゾーン」から一歩も出ていないからです。

　では、本気で夢を叶えようと思ったら、どうしたらよいでしょう。そうですね、素振りの練習からでしょうか。「今までしなかったこと」を始めるのです。「Cゾーン」から一歩出た先にあるのは、「S（ストレッチ）ゾーン」です。心に少しストレスがかかる領域です。

　今までできなかったことや初めてのこと、初めての相手だと、緊張したり、不安があったり、勇気が必要だったりしますよね。それが「Sゾーン」

です。

　初日は素振り30回で疲れてしまってやめましたが、次の日も30回練習しました。1週間経つと、楽々30回できるようになりました。これを3年間続けました。さて大谷選手のようになれそうでしょうか。難しいですよね。なぜなら、この少年にとって「30回の素振り」はもうすでに「Sゾーン」ではなくなったからです。そうです、ゾーンは広がるのです。次は40回に挑戦したり、守備やキャッチボールの練習をしたりと、さらに先の「Sゾーン」へ踏み出す必要があります。ゾーンが広がるということは、ずっと先にあった夢に近付いているという証拠です。かけ算の九九でも、縄跳びでも、考えを発表することでも、「今までできなかったことができるようになった」という経験が、あなたたち全員にあるはずです。あなたの今の姿は、あなたがどれだけ「Sゾーン」に飛び出してきたかの結果なのです。

　では、どんどん「Sゾーン」に飛び出していけばいいじゃないかと思うかもしれません。でも、それは簡単ではありません。なぜなら、「Sゾーン」の外には、3つ目の領域「P（パニック）ゾーン」があるからです。右も左も分からず混乱して、ストレスがかかりすぎる状況です。「Pゾーン」を恐れるあまり、「Sゾーン」へ踏み出すのをためらってしまうのも当然でしょう。たった1歩でいいのです。1歩1歩の積み重ねが、夢を叶える力になるのです。

リスクを選べる心理的安全性
Sゾーンへ挑戦したくなるクラス

子どもへの語り
そのまま使えるスライドデータ

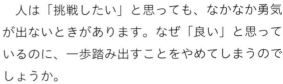

人は「挑戦したい」と思っても、なかなか勇気が出ないときがあります。なぜ「良い」と思っているのに、一歩踏み出すことをやめてしまうのでしょうか。

そうです。失敗が怖いからです。では、皆さんにとって、どんなことが「失敗」になるのでしょうか。そもそも、挑戦に失敗なんてあるのでしょうか。

例えば、体育で台上前転に挑戦するとします。できなくて失敗しました。しかし、一度失敗したからもう挑戦しないということは、ほとんどないはずです。技ができないことが「失敗」ではないのです。

詳しく考えていきましょう。

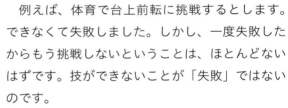

授業中に、手を挙げて発言する子がいます。この子にとって「手を挙げる」というのは、少し不安で勇気がいること、つまり「Sゾーン」への挑戦です。どうなったらこの子は、「また次も手を挙げて発言しよう」と思えるでしょうか。

そうですね。まず、正しい答えを言えたときや、「いい考え」として認められたときは、「また挑戦しよう」と思えることでしょう。さっきの跳び箱で言えば、台上前転が成功したのと同じですね。

では、間違った答えを言ってしまったときはどうでしょう。それでもこの子が、「また次も手を

挙げて発言しよう」と思えるために必要なことがあります。それは、この子ではなく、先生も含めて周りにいる人がどうであるかが最も大事なのです。

　間違った答えに対して、間違ったことに対してではなく、考えを発表してくれたことに対して感謝できるかどうかが大切です。

　「勇気を出して発表してすごいね」
　「その考えを聞けてよかった」
と言ってあげることができれば、この子は「また次も手を挙げて発言しよう」と思えることでしょう。そして、いつかこの子にとって手を挙げるという行動は「Sゾーン」ではなく、「Cゾーン」に変わっていくでしょう。

　反対に、この子が「もう二度と発表しない」と思ってしまうのはどんなときでしょう。きっと簡単に想像できますよね。間違いに対して「そんなことも分からないの？」と軽蔑されたり、「全然違う」と馬鹿にされたり、笑われたり、先生に怒られたりしたときでしょう。

　この子は「Sゾーン」だと思って勇気を出して挑戦したのに、そこはもはや「Sゾーン」ではなく、「Pゾーン」になってしまっているのです。このように「Sゾーン」か「Pゾーン」かは、周りの環境が決めるのです。

　チャレンジを怖いと感じるクラスになるか、チャレンジしたいと思えるクラスになるかは、先生も含めて、皆さん一人ひとりがどうであるかにかかっているのです。

全員が主体者になるクラス
リーダーとリーダーシップの違い

子どもへの語り
そのまま使えるスライドデータ

日本のリーダーは？

〇〇小のリーダーは？

麦わらの一味のリーダーは？

侍JAPANのリーダーは？

日本のリーダーは？　内閣総理大臣
〇〇小のリーダーは？　校長

麦わらの一味のリーダーは？　船長
侍JAPANのリーダーは？　監督

　自分は「リーダー」に向いていると思う人？向いていないと思う人？　それぞれいますね。当然です。人には得意なこと、苦手なことがあります。大人だって同じです。

　では、リーダーってどういう人ですか？（何人か発表させる）

　今日皆さんに伝えたいことは、全員が「リーダー」を目指そうと思わなくてもいいので、全員が「リーダーシップ」を発揮しようということです。この意味を考える時間にしましょう。

　さて、質問です。日本のリーダーと言えば？そうですね、〇〇首相です。次に、〇〇小のリーダーは誰ですか？　はい、〇〇校長先生ですね。では、麦藁の一味のリーダーは？　ルフィです。最後に、（※ここは、そのときに児童が一番身近に感じられる例を挙げるとよい。）WBCで優勝したときの、日本代表のリーダーは？　そうです、栗山監督です。

　では、なぜこの4人を皆さんはリーダーだと答えたのでしょう。それは、「内閣総理大臣」「校長」「船長」「監督」という決められた立場があるからです。そう、「リーダー」とは、立場や役割のことです。

　質問を変えます。侍JAPANがWBCで優勝したときに、「リーダーシップ」を果たしたのは？

リーダーシップ「見えない役割」

盛り上げ上手　聞き上手　はげまし上手　真剣　声かけ

先頭
責任感　決断力
仲間を守る強い意思

真ん中
ムードメーカー
元気いっぱいでポジティブ

最後尾
苦しい人に寄り添う
諦めず一緒に乗り越える

全体を見る
連絡・調整　冷静　計画的
みんなの気持ちを理解

　大谷翔平選手。ダルビッシュ選手。ヌートバー選手。みんなに声をかけたり、盛り上げたり、落ち着かせたり…。自分の意思でどうすればチームが勝てるかを考えて行動した結果、皆さんはそれを「リーダーシップ」と感じたのです。「リーダーシップ」は分担した役割ではなく、「見えない役割」なのです。

　この「見えない役割」は、クラスにもたくさんあります。盛り上げ上手や聞き上手、励まし上手、いつも真剣な態度だったり、よく声かけしてくれたり…いますよね、このクラスにも。役割分担なんてしていないのに、自分の意思でそう行動しているのです。すでに多くの人が、クラスのために「リーダーシップ」を発揮してくれているのです。

　クラス全員で山登りすることを例にして考えます。山登りを成功させるためには、4種類の果たすべき「リーダーシップ」があります。まずは先頭を行く人。責任感や決断力、仲間を守る強い意思がある人です。次に真ん中を行く人。ムードメーカーであり、元気いっぱいでポジティブな人です。次に、最後尾を歩く人。苦しい人に寄り添い、どんなときも諦めずに一緒に乗り越えようとする人です。最後は、全体を見る人。連絡・調整ができて、冷静で計画的。みんなの気持ちを理解できる人です。

　今、あなたはどの立場のリーダーシップを果たしたいですか？　これからの様々な場面で、確認していきましょう。

一人の勇気を集団の勇気につなげる

3羽のペンギン

子どもへの語り
そのまま使えるスライドデータ

　動物の中には、集団で行動をする動物もいれば、1匹1匹別々に行動する動物もいます。サルは群れで生活をします。中にはリーダーがいて、人間が「ボスザル」などと呼ぶことがあります。そのほかのサルも上下関係がハッキリしていて、立場の低いサルは、立場の上のサルに逆らうことをしません。

　ミツバチは、女王蜂、働き蜂、オス蜂が同じ巣の中で活動をしています。働き蜂は巣の中で最も数が多く、エサ集めや幼虫・女王蜂の世話、巣の掃除や巣作りなどをして、働き続けています。オス蜂は寿命も短く、巣作りやエサ集めなどの労働に全く参加しません。

　一方、集団で生活しているのに、ボス猿や女王蜂のようなリーダーが存在しない動物もいます。その一つがペンギンです。写真のようにたくさんの群れが、氷の上でよちよち歩いているのを見たことがあるでしょう。ペンギンは多くの隊列を作って氷上を移動したり、エサの魚を囲い込んで食べたりと、常に群れで行動していますが、意外なことにリーダーは決まっていません。つまり、「見える役割」が存在しないのです。

　海には多くの魚がいますが、同時にペンギンの命を奪うシャチやトドもいます。ペンギンたちはリーダーがいないので、誰かが飛び込むまで様子

ファーストペンギン

コウテイペンギン

フンバルゾペンギン

を見て、氷上をよちよち歩いています。しかし、これでは食料にありつけず、生きていけません。ずっと氷上にいるわけにはいかないのです。

そこで、どこからともなく一羽の勇敢なペンギンが現れ、海に飛び込むのです。そう、これが「ファーストペンギン」です。誰が最初に飛び込むかを相談することも、ジャンケンすることもなく、サッと海に飛び込むのです。仲間のために「見えない役割」を果たし、山登りの先頭を歩いてくれるペンギンです。

すると安心したのか、あとに続いて氷上のペンギンたちが、次々と海に入ります。勇気の輪を広げていく「コウテイ（肯定）ペンギン」です。このように「見えない役割」を果たす勇気によって、ペンギンの集団生活が成立しているのです。

しかし、いつも、どんなときでも肯定して後に続けばいいというわけではありませんね。もし安全を確かめず、シャチやトドが待ち構えている海に最初に飛び込んだ１羽のペンギンがいるとしたら、後に続くべきではありません。ただ周りに合わせるのではなく、自分で判断して踏ん張ることが大切です。

フンボルトペンギンというペンギンがいるので、踏んばるこのペンギンを「フンバルゾペンギン」と名付けることにします。この３羽のペンギンはどれも同じように大切ですし、その存在がよりよいクラスを創ることにつながっていきます。

「違い」の価値を大切にできるクラス

平等と公平の違い

Aさん
プールの横を泳ぐのがやっとで
ビート板を使って練習をしている

Bさん
平泳ぎが得意
今まで泳げた最長距離は400m

ある日…
Aさんが初めて25m泳げた

別の日…
Bさんが初めて425m泳げた

「平等な先生がいいと思う人？」

ごめんなさい。先生はあなたたちに平等に接しないこともたくさんあります。

例えば、水泳の授業を例にして説明します。Aさんはプールの横を泳ぐのがやっとで、ビート板を使って一生懸命練習しています。Bさんは平泳ぎが特に得意で、今までに泳げた一番長い距離は、なんと400mです。

ある日、一生懸命練習していたA君が初めて25mを泳ぐことができました。A君は大喜びです。当然先生も大喜びで、A君とハイタッチして「よく頑張ったね！」とたくさん褒めます。Bさんはその日もすでに100mを楽々泳いでいましたが、先生は特に褒めることはありませんでした。これって、不平等だと思いますか？ 25m泳いだAさんを褒めるのと同じだけ、25m以上泳いだ人全員を褒めるべきだと思いますか？

別の日、Aさんに刺激されたのか、Bさんがこれまでの記録を更新して425m泳ぎました。当然、先生は盛大に褒めます。しかし、425m泳いだBさんに比べたら、25mは17分の1にすぎません。25mしか泳げない人たちを褒めることはやはり間違っているのでしょうか？ 平等って難しいですね。

今度は、給食の時間を例にして考えましょう。Cさんは好き嫌いなく、たくさん食べます。Dさん

は野菜が苦手で、すぐにお腹いっぱいになってしまいます。

　ある日、Dさんはひじきサラダの盛りつけを減らそうとします。さて、ここで「平等先生」の登場です。何よりも平等を愛する先生なら、何と言うと思いますか？　きっと、減らすことを認めてもらえないでしょう。

　一方で、Cさんは余っているひじきサラダを増やしていいか尋ねます。平等先生は、きっとこう言うでしょう。「あなただけ多くするなんてできません。今から全員同じだけ増やします」。Dさんは悲鳴を上げるでしょう。

　さあ、平等の意味が少し分かりましたか？きっとあなたが求めているのは平等先生ではなく、公平先生でしょう。公平先生は、その人が今、Sゾーンに挑戦しているかどうかを見極めます。一人ひとりの一歩を「平等」に評価します。それが公平ということです。

　皆さんの友達との関係も同じです。誰が何に対して、どのくらいの大きさのCゾーンやSゾーンをもっているかは全く違います。今から言うことが自分にとってCゾーンだという人は手を「パー」、Sゾーンの人は「チョキ」、Pゾーンの人は「グー」にしましょう。

①黒板の前に立って家族の紹介をする。

②毎日宿題を自分からする。

③一人で親戚の家に泊まる。

　このように、人によって簡単なことや難しいことは違うのです。自分のゾーンを友達に当てはめるのではなく、相手のゾーンを大切にして、寄り添えるクラスにしていきましょう。

終わりに

一番きれいな色ってなんだろう？
一番ひかってる
ものってなんだろう？
僕は探していた最高のgiftを
君が喜んだ姿をイメージしながら

　大好きなMr.childrenの曲「GIFT」の冒頭の一節です。
　あと書きなので、カッコつけることを許していただけるとしたら、私はずっと「学級経営」という営みの中で、「君（児童）が喜んだ姿をイメージしながら」「最高のgift」を探してきたのだと思います。

　改めまして、本書を最後まで読んでくださり、ありがとうございます。
　ここで紹介させていただいた学級会の手立てや学級経営のマインドセットの多くは、玉川大学TAPセンターの川本和孝先生より学んだものです。私が私の言葉でこのように書籍化することも恐れ多いほど、川本先生に教えていただいたことばかりです。
　それでも本書を執筆したいと思えたのは、学級経営で悩み苦しんだり、児童主体の授業をしたいと意欲的に学んだりしている先生方をたくさんたくさん知っているからです。
　そして何より、学芸みらい社の編集者である阪井一仁様が、私の教室まで来てくださり、研究授業でもないごく普通の私の学級会をご覧になり、「これは日本中の先生が求めていることです」と、本書の執筆を熱望してくださったからです。感謝が尽きません。
　教員の労働環境や仕事そのものにネガティブな報道が重なるこの時代に、

「教員はいいぞ」と心の底にある信念にしがみつく先生へ、現場のプレイヤーとして届けられる言葉が一筋の光になるならばと、執筆を決意しました。

私たちの仕事が「最高のgift」であったかどうか、本当の意味で「君（児童）が喜んだ姿」につながるものであったかどうかは、「君」の未来にようやく分かることです。そういう意味で、目の前の「君」の表情や感情に一喜一憂してはいけないし、逆に「いつか分かってくれるだろう」などと安易な言い訳をしてもいけない、とても厳しい仕事でもあります。

このような本を出してしまうと、学級経営のスペシャリストのように思われてしまうかもしれませんが、今も自分の力不足を呪い、悩みの連続です。眠れぬ夜を過ごすこともあります。そんな私だからこその「言葉」があなたへの「gift」となり、あなたの「言葉」となり、あなたの目の前の子どもへの「gift」となることを願ってやみません。

「gift」って、選んでいるとき、相手を思って「イメージしながら」考えているときが一番幸せなんですよね。私が私でいられるのは、そして一番大切だと思えるものを見失わずに教員生活を続けていられるのは、まぎれもなく私自身が、「最高のgift」をたくさんの人からもらい続けているからです。

あなたにしかできない学級経営があなたの色となり、子どもたちの無限の色へと広がっていきますように。

生井光治

　　　一番きれいな色ってなんだろう？
　　　　一番ひかってる
　　　　ものってなんだろう？
　　僕は抱きしめる君がくれたgiftを
　　　　いつまでも胸の奥で
　　　　ほら　ひかってるんだよ
　　　　ひかり続けんだよ

参考文献

Pearce, C. L., & Conger, J. A. (2003). All those years ago. In Pearce, C. L., & Conger, J.A. (Eds.). Shared leadership: Reframing the hows and whys of leadership (pp. 1 - 18). Thousand Oaks, CA: Sage.

工藤亘（編著）（2024）『図解TAP　玉川アドベンチャープログラムを通したチームづくりの基礎』（玉川大学出版部）

葛原学習研究所 https://kz-learning-research-institute.notion.site/2c0d1ee5ee2c49d1bac96805075333a5

FORMING STORMING NORMING PERFORMING タックマンのチームビルディングモデルの4段階　プロセス・コンサルテーション (2020/5/13)

Barnard,C.I.（1938）The functions of the executive. Harvard University Press. C.I. バーナード　山本安次郎・田杉競・飯野春樹訳（1968年）『経営者の役割（新訳）』ダイヤモンド社

ポール・J・ザック（著），柴田 裕之（翻訳）（2013）『経済は「競争」では繁栄しない──信頼ホルモン「オキシトシン」が解き明かす愛と共感の神経経済学』（ダイヤモンド社 ）

工藤亘（編著）（2020）『アドベンチャーと教育─特別活動とアクティブ道徳教育』（玉川大学出版部）

甲斐崎博史（2013）『クラス全員が一つになる学級ゲーム＆アクティビティ100』（ナツメ社）

文部科学省 国立教育政策研究所 教育課程研究センター（2019）『みんなで，よりよい学級・学校生活をつくる特別活動　小学校編』（文渓堂）

フレデリック・ラルー　鈴木立哉訳（2018）『ティール組織　マネジメントの常識を覆す次世代型組織の出現』（英治出版）

坂本良晶「みんなの教育技術」連載「坂本良晶の『学校ゲームチェンジ論』」「今日のあるべき学級観とは？『ティール組織』から得られるヒント」（2020.10.20）（小学館Web）

玉川大学TAPセンター川本和孝先生と、大田区立蒲田小学校で共に学級会を見合い切磋琢磨した仲間達へ心からの感謝とリスペクトを込めて

生井光治（なまい・みつはる）

1983年生まれ。2006年より東京都公立小学校教諭。Canva認定教育アンバサダー、EDUBASE CREW。3児の父、野菜ソムリエ。

地道に、ただ地道に目の前の子どもたちの目がいかに輝くかについて一瞬一瞬向き合い、実践を積み重ねる。33歳より担任と教務主任を兼務し、すべての教員が持続可能な職場環境を目指して働き方改革を推進。

その実践やアイデアはXで定評がある。

著書に『教師・子どもワクワク！小学5年理科 全単元スライド&ワークシート』（学芸みらい社）がある。

X：https://x.com/backnamchildren

集団を仲間に変える学級経営
「トガリ力」輝く12ヶ月の学級会実践

学芸みらい社

2024年12月5日　初版発行

著者	生井光治
発行者	小島直人
発行所	株式会社 学芸みらい社
	〒162-0833 東京都新宿区箪笥町31番 箪笥町SKビル3F
	電話番号 03-5227-1266
	https://www.gakugeimirai.jp/
	e-mail：info@gakugeimirai.jp
印刷所・製本所	株式会社ディグ
企画	阪井一仁
校正	西田延弘
装丁・本文組版	児崎雅淑（LiGHTHOUSE）

落丁・乱丁は弊社宛にお送りください。送料弊社負担でお取り替えいたします。
© Mitsuharu NAMAI 2024 Printed in Japan
ISBN 978-4-86757-063-0 C3037

☀ 学芸みらい社の好評既刊

国語で「論理的思考」を育てる 書く・読むドリル 小学5・6年

難波博孝／矢野耕平 編著
齊藤美琴／中本順也／福嶋淳 著

小学3年生以上の漢字は総ルビ！

B5判120頁　定価：本体2,200円＋税　ISBN：978-4-86757-039-5

この問題、サッと解けますか──？

問題 　下線で示したことばの意味を後の記号の中から１つ選んで答えましょう。

厳格な祖父は長い髪であらわれたぼくに向かって「<u>おい、トム、お前、男か女かわからないぞ</u>」と言いはなった。

　ア　長い髪にしていることを責めている。
　イ　性別が分からないことにとまどっている
　ウ　長い髪が新鮮であり、絶賛している。
　エ　自分にはできない髪型であることをうらやんでいる。

（第4章「読む」応用編より）　　　　　　　　　　　　　　　　　　　　答え：ア

日常で活きる「論理的思考」の真髄がわかる。
近藤泰弘氏絶賛の新しい「ドリル」が誕生！
（日本語学会会長／青山学院大学名誉教授）

ご購入はこちら